Next 教科書シリーズ

教育相談

[第2版]

津川 律子・山口 義枝・北村 世都 編

弘文堂

はじめに

　子どもを取り巻く環境は、戦後から現代まで劇的に変化している。コンピュータ、インターネット、スマートフォンなどテクノロジーの発展に伴い、家庭の様子も変化してきた。学校にもコンピュータが導入され、メディア・リテラシーやコンピュータ・リテラシーという言葉が教育場面で違和感なく使われるようになっている。

　しかし、子どもが暮らす地域に学校があり、子どもが家庭と学校を行き来するという構図は変わらない。教員は子どもが出会う家族以外の大切な大人の代表であり続けている。人と人の交流が人間存在の基本であり、人との出会いを通じて子どもが発達することを考えると、教員は子どもにとって大事な存在である。

　「教育は、常に子どもの望ましい発達や健やかな成長を期待し、子どもの持つ潜在的な可能性に働き掛け、その人格の形成を図る崇高な営みである。」（文部科学省中央教育審議会「子どもを取り巻く環境の変化を踏まえた今後の幼児教育の在り方について」（答申）, 2005）。その教育の最前線に立つ教員を目指す学生にとって、また、現役の教員にとっても、「教育相談」の理論と実践の両側面が学べるような本を企画した。

　第Ⅰ部「教育相談で学ぶこと」に始まり、第Ⅱ部「教育相談に必要なメンタルヘルスの知識」、第Ⅲ部「教育相談の実際」、第Ⅳ部「教育相談における基本的態度」、第Ⅴ部「教育相談に役立つ心理支援」、第Ⅵ部「教育相談のための連携と協働」という6部構成で、全23章から成っており、教育相談に関する内容を特定の考え方に偏らずに網羅している。1人でも多くの学生や教員に本書で学んで頂きたいと願っている。

　最後に、編者として、執筆者の先生がたの多大なご協力に感謝したい。加えて、弘文堂編集部の世古宏氏の刊行までの熱意と緻密な仕事ぶりに感謝を申し上げ、改訂を担当された加藤聖子氏にも感謝を申し上げたい。

　2023年　睦月　吉日

編者　津川律子・山口義枝・北村世都

本書の狙い

　本書の中心的な読者対象は、小学校・中学校・高等学校の教員になることを目指して教職課程を履修している大学生である。教員になる前から知っておいてほしい、教育相談に関する基礎知識をわかりやすく伝えることが本書の第1の狙いである。

　「教育相談」という言葉でイメージする内容は、受け取る人によってかなりの違いがあるが、教員になることを目指して教職課程を履修している大学生にとっては「教育相談は教員が熱意をもってやるもの」というイメージが先行しているかもしれない。しかし、そもそも日本における教育相談は「学校以外の専門機関による活動として発展した。これらの相談活動のほとんどは、臨床心理学の理論と方法に立脚し、問題の解消や問題傾向を示す行動等の変容を目指して、受理面接や一連の面接・テスト・観察などの調査による資料を基にした助言という方法をとっていた。そして、昭和30年代の後半になると心理療法が導入され、カウンセリング、遊戯療法などによる教育相談も行われるようになった。このような専門機関の活動は、次第に、学校関係者に注目されるようになり、教師の中にも教育相談を試みる動きが起こってきた」（文部科学省, 1990）という歴史がある。このような歴史を経て、教育相談は教員が行う「生徒指導の一環として位置付けられるものであり、しかもその中心的な役割を担うもの」（文部科学省, 1990）となった。そのため、教員になるための課程において「教職に関する科目」の1つとして「教育相談」が位置づけられ（教育職員免許法施行規則, 2022）、「教育相談（カウンセリングに関する基礎的な知識を含む。）の理論及び方法」を学ぶことと明記されている。つまり、現在は、学校で教員が行う業務の一環としての「教育相談」が明確に存在しており、学校以外の専門機関で行われる教育相談——代表的なものとして教育相談所（室）で臨床心理職を中心として行われている教育相談——と区別するために「学校教育相談」という用語も使われている。

　本書は、上記のような歴史を踏まえて、どの章においても基本的に心理学の専門家に執筆を依頼した。教育学の専門家と心理学の専門家の両方が

組んだ「教育相談」関連の著作も、とても意味あるものであるが、本書は
あえて執筆者の全員を心理学の専門家で揃えた。それは、適切な教育相談
のためには、熱意だけでなく、いろいろな背景理論が心理学の中にあり、
その基礎を学ぶことがどうしても必要だからである。また、拠って立つ学
問背景が違わない執筆陣の方が、編集本として1つにまとまり、結果とし
て読者に益するであろうと考えたからでもある。

　さて、小学校・中学校・高等学校の教員になる大学生が読者対象という
ことは、およそ6歳頃から18歳頃までの児童・生徒・学生への教育相談が
中心的な内容になる。この年代に関する学術的知見は、教育学だけでなく、
心理学、脳科学、精神医学などを含めて日進月歩である。「昭和40年頃に
なると、児童生徒の自己理解や自己実現を援助するという、学校における
教育相談の積極的な機能を生かそうとする考えに立った実践がいくつか試
みられるようになってくる」（文部科学省，1990）と記録されているが、昭和
40（1965）年頃と現在では、たとえば、学校で日常的に使われている「発達
障害」概念ひとつ取っても、大きく違うであろう。約60年前の現役教員が
「発達障害」概念に日常的にふれていたとは思えない。このように、概念と
いうものは、時代によって変遷し、質的にも変化してゆく。新しい概念も
次々に現れてくる。「発達障害」概念だけでなく、メンタルヘルスに関係す
る種々の概念に対して世界的に大きな影響を与えるDSM-5が2013年に発
表され、WHOのICD-11が2022年に発効された。

　現役の教員にとっても、知識の更新は必要であるが、特に自分の専門分
野や教育学以外の知識の更新を的確に行うのは容易ではない。現役の教員
にとっても「教育相談」に関して役立つ本であること、これが本書の第2
の狙いである。

　いずれにしても、本書は、これから教員になる読者や現役教員への心理
学分野からのエールの本である。子どもたちと先生方の未来を応援する本
として、多くの読者に目を通して頂ければ幸甚である。

編者を代表して　津川律子

引用文献

文部科学省（1990）. 学校における教育相談の考え方・進め方——中学校・高等学校編, p. 2.

目　次　┃　Next教科書シリーズ『教育相談』［第2版］

第Ⅰ部

教育相談で学ぶこと

第1章

わが国における教育相談の位置づけ

本章のポイント

　教育相談とは何をすることなのか捉えづらいと感じる人は多い。その原因の1つとして、教育相談が教育のさまざまな部分と関わりがあり、境界が明確ではないということがあるだろう。また、教育相談の背景にあるカウンセリングなどの心理学的な部分は、教員の専門外のことであり、深入りすべきではないとの思い込みもあるため、全体像が見えにくくなっているのではないだろうか。

　本章では、教員を目指す人に教育相談に対する理解を深めてもらうため、わが国において教育相談に求められていること、教育相談と近接する支援活動との関係、教育相談の実施者と実施機関の概要について述べる。わが国における教育相談体制を理解し、その中での教員の役割を考えてほしい。

1 教育相談とは

　教育相談という言葉から何をイメージするだろうか。中学・高校生の頃の体験から、進路や友人関係について担任に相談したことや三者面談などが思い出されるであろうか。学外の教育相談所（室）に電話で相談をしたことがある人もいるかもしれない。

　生徒指導提要の改訂案（2022）には、「教育相談とは、一人一人の児童生徒の教育上の諸課題について、本人又は保護者などにその望ましい在り方について助言をするもの」（文部科学省，2022，p.16）と記されている。この場合の教育とは、学業だけでなく、児童生徒の人格や心身の健康を育成することも含む、人間育成に関わる幅広い活動全体を指す。また、教育相談には、児童生徒本人のみでなく、その保護者に対する助言も含まれるということである。

　児童生徒は、その時点では人間として未完成な状態にあり、1人では解決できない問題を抱えることも多い。それは、これから大きく成長・発達する余地があるということでもあり、また、周りからのちょっとした支援によって、自ら問題を乗り越えてゆく力を身につける機会が与えられている発達段階にいると考えることもできる。そのような児童生徒へ行う教育相談とは、話を聴き、助言などの支援を行う活動を基本に、利用可能な知的・人的資源を有効活用して、成長・発達を支える活動だと言えるだろう。

　教育相談の役割は、教育上の問題に対応することである。具体的には、学校生活への適応の問題、人間関係の問題、発達上の問題、将来に対する不安や自己実現に関する事柄などに対応することである。対応の仕方は、大きく3つに分けられる。1つ目は発達支持的教育相談と呼ばれ、児童生徒の資質を引き出し能力の獲得を支援するものである。2つ目は課題予防的教育相談で、全児童生徒を対象とした、特定の問題を未然に防止する課題未然防止教育と、問題の兆候が見られる特定の児童生徒を対象として行われる、課題早期発見対応からなる。3つ目は困難課題対応的教育相談で、既に問題を抱え、困難な状況にある児童生徒を対象として、問題の解決を支援するものである。

2　教育相談と近接する活動

　教職を目指す人にとって、教育相談との違いがわかりにくいものに生徒指導が挙げられるだろう。生徒指導提要の改訂案（2022）には、生徒指導とは「社会の中で自分らしく生きることができる存在へと児童生徒が、自発的・主体的に成長や発達する過程を支える教育活動のことである。なお、生徒指導上の課題に対応するために、必要に応じて指導や援助を行う。」（文部科学省，2022, p.12）と定義されており、その目的は「児童生徒一人一人の個性の発見とよさや可能性の伸長と社会的資質・能力の発達を支えると同時に、自己の幸福追求と社会に受け入れられる自己実現を支える」（文部科学省，2022, p.13）ことと示されている。

　教育相談については「生徒指導から独立した教育活動ではなく、生徒指導の一環として位置付けられるものであり、その中心的役割を担うもの」（文部科学省，2022, p.16）と生徒指導提要の改訂案（2022）に記されており、教育相談は生徒指導に含まれるものであることがわかる。さらに、それぞれの特徴について「教育相談では、個別相談やグループ相談などがありますが、児童生徒の個別性を重視しているため、主に個に焦点を当てて、面接やエクササイズ（演習）を通して個の内面の変容を図ろうとします。それに対して、生徒指導は主に集団に焦点を当て、学校行事や体験活動などにおいて、集団としての成果や発展を目指し、集団に支えられた個の変容を図ります。」（文部科学省，2022, p.16）としている。つまり、児童生徒に働きかける方法として、個別対応的特徴の強いものを教育相談と呼び、集団対応的特徴の強いものを生徒指導と呼ぶということになるが、明確な境界はない。方法の違いはあるが、教育相談は生徒指導の一環であり、この2つの活動の目指すところは最終的に同じであると考えることができる。

　次に、教育相談とカウンセリングとの関係についても説明しておきたい。

　わが国における教育相談は、臨床心理学の理論と方法をもとに行われてきた歴史的背景があり（文部省，1990）、早い段階からカウンセリング技法が教育相談に用いられてきた。現在においても、教育相談の中心にあるのはカウンセリングを基礎とした活動であると言ってよいだろう。そのため、

教育相談はスクールカウンセラーのような臨床心理学の専門家が行うもの、という思い込みが少なからずあるように思われる。しかし、教育相談は臨床心理学の専門家だけに行うことが許されている活動というわけではなく、むしろ教員が中心となって行う活動である。このことが意味しているのは、教員も教育相談に必要となる臨床心理学の知識・技術を身につけておく必要があるということである。これから教員を目指す人には、このことを理解し、積極的に臨床心理学の知識・技術を身につけて教育相談に活かしてほしい。

3 教育相談の実施機関・実施者

　わが国の教育相談は、学校以外の専門機関によって始められ発展し、その後、学校に導入された経緯があり（文部省, 1990）、現在も、教育相談は学校と学校以外の機関によって行われている。

　教育相談を実際に実施するのは、日頃からクラスの児童生徒と接する機会が多い学級担任であろう。その学級担任をサポートするように、校務分掌として生徒指導担当や教育相談担当が配置され、また、学校組織としては教育相談コーディネーター（教育相談担当主任等）が中核となり、気になる事案を洗い出し検討するためのスクリーニング会議の定期開催、解決すべき問題・課題のある事例・事象を個別に検討し、対応策を考えるケース会議の開催、校内組織との連絡調整や、必要に応じて校外の専門機関との連携調整などを行っている。また、保健室での活動を中心とする養護教諭は、通常の教員とは異なる形で児童生徒と関わることのできる立場であり、養護教諭に対しては心を開いて話しやすいという児童生徒もいる。児童生徒の心の問題は、時として身体の不調として表現されることがあるため、養護教諭は問題の早期発見にも重要な役割を果たしている。そして、1995年からスクールカウンセラー制度が開始され、現在では公立中学校を中心に、小学校や高等学校へも、臨床心理学の専門的知識を持ったスクールカウンセラーが配置されつつある。このように、教員以外の専門スタッフとも協

同し、学校組織がチームとして教育相談に取り組む校内体制が作られている。

　学校以外で教育相談を行っている機関には、地方公共団体の教育委員会が所管する教育センター、教育相談所（室）などがある。児童生徒が直接相談を申し込むことができ、相談には、臨床心理士、公認心理師、スクールソーシャルワーカーや教育経験の豊富な教職経験者が対応している。面接による相談については、ほとんどの機関で事前予約が必要であるが、電話相談やEメールでの相談受付を24時間体制で行っている機関も数多くある。また、スクールカウンセラーが配置されていない学校において、児童生徒への対応に専門的見地からの情報が必要な場合など、教職員が児童生徒についての相談をすることもできる。

4　教育相談の対象となる人

　教育相談の対象となるのは主に児童生徒である。問題を抱えている児童生徒との教育相談はもちろんであるが、人間関係の問題やクラスへの適応に関連する問題などの場合は、問題を抱えている児童生徒と関わりを持つ他の児童生徒との教育相談も必要になってくる。

　問題によっては児童生徒の保護者や家族との教育相談が必要になることがある。児童生徒にとって、長い時間をともに過ごす保護者や家族からの影響は非常に大きい。また、家庭内での人間関係悪化が、学校での問題行動として現れることもある。教員は、児童生徒に対応するための知識や経験、心構えはある。その一方で、保護者に対応するための知識・経験を体系的に養う機会がほとんどなく、保護者との教育相談は極力避けたいと考える人もいるだろう。しかし、児童生徒の家庭での状況を保護者から聴くことで、初めて学校での問題行動の原因を理解することができる場合もある。誰のために、何のために教育相談を行うのか常に意識し、必要だと思われることは可能な限り行うよう心掛けてほしい。

トピック 文部科学省、教育委員会のウェブサイト

国や地方公共団体の、教育に関する動向についての情報は、それぞれのウェブサイトから簡単に入手できる。文部科学省のウェブサイトからは、教育相談を含め、教育関連のさまざまな情報を得ることができる。たとえば、児童生徒の問題行動に関する調査結果や、いじめ・不登校への対応についてなど生徒指導・教育相談に関する情報から、教育基本法や学習指導要領・解説といった教員活動に関わる基本情報、また、中央教育審議会の諮問・答申といった、これからの教育の方向性を垣間見ることができる情報までも手に入る。各地方公共団体の教育委員会が運営しているウェブサイトからは、教育委員会が所管する教育相談機関の窓口情報や、公立学校の教員採用選考試験についての情報などを知ることができる。最初は様式に難しさを感じるかもしれないが、慣れてくると数多くの有用な情報を見つけることができるだろう。常に動向は変化しているのでこまめにチェックすることを勧めたい。

引用文献

文部科学省（2022）. 生徒指導提要改訂（案）
　　https://www.mext.go.jp/content/20220829-mext_jidou02-000024699_001.pdf（最終アクセス：2022年11月29日）
文部省（1990）. 学校における教育相談の考え方・進め方（中学校・高等学校編）大蔵省印刷局

考えてみよう

. . . .

(1) 教育相談とはどのようなもので、何をすることなのか、目的、実施者・実施機関、対象となる人を考慮に入れ、自分の言葉で説明してみよう。
(2) 教育相談の対象は、児童生徒だけではなくその保護者も含まれる。その理由について自分の言葉で説明してみよう。

第2章 教育相談の実際

本章のポイント

　教育相談は、教育の本質に関わる重要な役割を担っている。教育相談について学んでゆくうちに、教育相談を実施するための考え方や知識には、教員が児童生徒に対してどのような存在として、どのような関わりを持ってゆくべきかについての示唆が含まれていることに気づくだろう。

　本章では、教育相談を行うために必要な考え方や知識の概要について述べる。教育相談における教員の役割、問題に対応するために必要な知識・技術、問題の予防や解決に向けてのアプローチなど、教育相談の全体像を理解し、第Ⅱ部から学んでゆく具体的な教育相談の知識を体系づける枠組みとしてほしい。

1 教育相談における教員の役割

　教員が、教育上の問題に対応する責任を持つ存在であることに疑問を挟む人はいないだろう。学級担任となり、自らの責任において児童生徒を育成してゆくことに誇りと魅力を感じ、それが教員を目指すきっかけになった人も多いだろう。しかし、1人の教員ができることには限界がある。それぞれの教員がすべてのことに対応できる完璧な存在ではないし、不得意な事柄もあるだろう。また教員以外の存在、たとえば、スクールカウンセラーが対応したほうが効果的な問題解決を行うことができる場合もある。

　何よりも優先すべきは児童生徒の利益である。自分が担任をしている学級の児童生徒の問題だとしても、教員1人で抱え込み対応に失敗することは避けたい。校内の教育相談担当教員、教育相談コーディネーターやスクールカウンセラー、場合によっては校外の専門機関と連携して、児童生徒にとって最適と考えられる問題対応を行うべきであろう（**第Ⅵ部**参照）。

　このように教育相談の視点において、教員は児童生徒の問題に対応する際に利用可能なあらゆる資源を活用し、教育相談についての全体像と、校内組織や校外の専門機関の役割を理解し、問題に応じてどのような対応が可能か考えることができるようになっておきたいところである。

2 児童生徒を理解するために

　人間の一生のうち、急激な成長・発達を遂げるのが、誕生してから成人するまでの期間である。教員は、児童生徒の発達にとって重要な、その一時期に関わりを持つことになる。一般的な発達段階では、小学生の時期は児童期、中学生・高校生の時期は青年期と呼ばれる発達段階にあたる。

　発達の途上にある子どもと大人との間には、知識・経験などの量的な違いのみならず、物事の受けとめ方・考え方などの質的な違いがある。その違いは発達段階によって異なるため、まずは自分が関わる児童生徒の発達

段階を理解することが、彼らの内面理解への第一歩である。

　また、今現在の児童生徒のあり方はこれまでの成長・発達の上に成り立っている。そのため、児童生徒の1つ前の発達段階の特徴についても理解しておくことが望ましい。さらに、発達の速度には個人差があり、単純に年齢で発達状態が決まるわけではないため、発達の早い児童生徒への対応を考えると、その先の発達段階の特徴についても理解しておきたいところである。加えて、各発達段階で起こりやすい心の問題（第Ⅱ部参照）や教育上の問題（第Ⅲ部参照）についても理解を深めてほしい。問題行動とされるような形でしか自分の状態を表出することができない、児童生徒の置かれた状況を知ることで、より受容的な対応ができるようになるだろう。

　発達についての理解と同時に、今、目の前にいる児童生徒の理解には、観察が必要である。この場合の観察とは、学級での様子などを目で見るだけでなく、提出物の提出状況、成績の変化など、児童生徒から発せられる情報すべてに注意を向けるということである。また、より深い理解のためには、第三者的立場からの観察だけでなく、教員から声をかけるなど働きかけを行い、その関わりの中での様子を観察することも必要になる。

　そして、観察された事実の解釈は教員の知識・経験と能力にかかっている。観察結果から児童生徒の正確な状態を読み取れるよう努力してほしい。

3　児童生徒の資質を生かすために（発達支持的教育相談）

　問題がなければ教育相談の必要性はない、と考えがちであるが、児童生徒が持つ資質を引き出し、能力の獲得や発達を促進する活動が、すべての児童生徒に対して行う普段の教育相談活動である。この活動は発達支持的教育相談（文部科学省, 2022）と呼ばれる。これは面談・相談といった活動に限らず、特別活動や教科学習を通じて、人間関係形成の基本的スキルを身に付けたり、他者と協力して問題解決を行う能力を養う、といったことも含まれる。問題への対応だけではなく、積極的によい方向へ児童生徒を導くことに教育相談の知識と技術とを役立ててほしい。

4 問題を予防するために（課題予防的教育相談）

　児童生徒の生活環境は学校だけではなく、家庭、塾・習い事、地域との関わりなど、教員が把握できない部分がある。それらすべての環境が児童生徒に影響を与えていることを考えると、問題を未然に防ぐことは簡単ではない。特に、教員が事前に問題となりそうなことを発見し、予防するという視点だけでは、充分に対応することができない。また、問題によっては意図的に隠されているものもある。たとえば、いじめの問題では、いじめられている本人も、いじめている児童生徒もその問題を意図的に隠そうとすることがある。そのため、問題の予防に必要となるのは、児童生徒から教員に話しやすい環境・人間関係を整えておくということであろう。

　たとえば、ほとんど会話をしたことがない教員に対して、児童生徒から何気なく相談するというのは難しい。話しやすい環境を作るために、指導のときだけでなく、普段から児童生徒に声をかけることが大切である。日常会話の中にもその児童生徒の様子がわかる情報は数多く含まれているし、会話のたびに信頼関係も少しずつ築かれていく。また、保護者との関係構築についても、問題が起きた時点から関係が始まるよりも、平時から関係づくりを心掛けておくほうが、良好な関係を維持しやすく、予防的観点からも望ましい。また、担任には話しづらいことであっても、他の教員や養護教諭には話をしていることがあるので、スクリーニング会議を通じての情報の共有や、校内連携について今一度強調しておきたい。

　生徒指導提要の改訂案 (2022) では、課題予防的教育相談を課題未然防止教育と課題早期発見対応に分類している。課題未然防止教育は、すべての児童生徒に対して、ある問題・課題の未然防止を目的に行われる活動である。たとえば、いじめについての理解を深めるため講習を実施するなどといった取り組みを行うことが挙げられる。課題早期発見対応とは、困難な状況にある児童生徒を早い段階で見つけ出し、問題が起こる前に支援を行うことである。本章の**第2節**で触れた観察を基本に、それを補うために質問紙調査を行うことや、短時間の面談を定期的に行うことによって、教員が能動的に児童生徒の兆候発見に努める。

5　問題を解決するために（困難課題対応的教育相談）

　問題を抱える児童生徒がいた場合、教職員がケース会議を開き、今後の対応を検討することになるが、まずその状況を把握するための情報収集・分析（アセスメントまたは見立て）を行う。具体的には、問題が起こるまでの過程や、問題の背景・原因を探ること、当事者の考えや気持ちを理解することなどを、スクールカウンセラーやスクールソーシャルワーカーの専門的視点を取り入れつつ行う。その後、どのような解決を目標とし、具体的に何をするのか支援計画を立て、組織的に問題解決に臨む。

　問題には、解決までに長い時間が必要なものや、解決が難しいものがある。たとえば、明らかな原因がわからない不登校や、家庭の要因が関わる問題などである。児童生徒が在校する限られた時間の中での問題解決が難しい場合、可能であれば、その児童生徒の進学先への情報提供を行い、問題解決の過程を繋いでいくことが期待される。

　人間関係や、心の問題の解決には、教職員が発達心理学や臨床心理学の知識を身につけておくことが役に立つ。具体的な心理支援の方法については第Ⅴ部を参照してほしい。

トピック　カウンセリングマインド

　平成10（1998）年中央教育審議会「幼児期からの心の教育の在り方について」答申において、教員がカウンセリングマインドを身につけることの重要性が提示されてから長い年月が経った。カウンセリングマインドという言葉を目にする機会が減ったのは、この用語の意味するところが教育の世界に浸透し、あえて言うまでもない当たり前のこととなったためであろう。カウンセリングマインドという用語の厳密な定義はなく、カウンセラーが相談者に接するときのように、児童生徒の心を尊重し、共感的立場で温かく対応しようとする態度や心構え、といった意味で用いられる。教育相談において教員がとるべき態度の詳細は第Ⅳ部を参照してほしい。

　現在のカウンセリングには、ロジャーズ（Rogers, C. R.）のクライエント中

心療法の考え方が大きな影響を与えている。その考え方の核心は、相談者が自分自身で問題を解決できるように支援し、その自己成長を促すということである。支援の基本的方法は、相談者の話を受容的に聴くことであり、相談者は、自分の考え方や感情を受容してくれる人が存在することによって安心し、問題や自分自身に向き合うことができるようになる、という考えが背景にある。

　現実には、教員がすべての児童生徒に対して、常に受容的態度を示すことは難しく、指導的・訓育的立場を取ることのほうが多いかもしれない。そのため、教育とカウンセリングマインドは相容れないと考える人もいるだろう。しかし、児童生徒と教員相互の信頼関係が教育活動を可能にしているという基本に立ち返ると、目の前にいる児童生徒の存在を肯定し受け容れることがその信頼関係を築くことにつながっており、教育とカウンセリングマインドは密接な関係にあるものと考えられるのではないだろうか。教員としてのあり方とカウンセリングマインドとの関係については、自分自身の教育観と照らし合わせ、一度考えてみてほしいトピックである。

引用文献

文部科学省（2022）．生徒指導提要改訂（案）
　　https://www.mext.go.jp/content/20220829-mext_jidou02-000024699_001.pdf（最終アクセス：2022年11月29日）

考えてみよう

　担任をしている学級に問題を抱える子どもがいたとしよう。たとえばその問題が、①不登校、②いじめ、③授業中の問題行動（授業に集中せず近くの友人と遊んでばかりいる、など）であった場合、それぞれの問題を解決するために何ができるか記述してみよう。また、①～③の問題に対して、今現在の自分では対応できないと感じた場合、何が足りないのか（どうしたら対応できるようになるのか）を考え記述してみよう。

第Ⅱ部

教育相談に必要なメンタルヘルスの知識

第3章　主に子どもから思春期・青年期の精神障害

第4章　主に青年期から成人期の精神障害

第3章 主に子どもから思春期・青年期の精神障害

本章のポイント

　子どもも精神的な病にかかることがある。だが、内省力も言語化も発達途中の本人が、自身の状態がおかしいと気がつくことは難しい。そのため周囲の大人が、子どもに現れている原因のはっきりしない身体不調の長引き、怒りっぽさ、気力のなさなどの状態や、普段とは違う言動に注意を向け、子どもからの「自分が何だかうまくいかなくなっているので、助けて」というサインをつかむことが大切である。

　本章では、子どもは発達途上のため大人の精神障害と現れ方がどう異なるのか、また子どもへの対応の基本や関わる際の考え方を提示する。

1 子どもの精神障害

A 子どもの精神障害の現れ方

　精神障害（mental disorder）は、いくつかの心理・行動の症状が、ある期間以上の長さで現れ、本人もしくは周囲がそのことで困っているときに、精神障害にかかったと考える。症状とは、多くの人には生じない状態や、一般的ではあるがその程度が強すぎる・弱すぎる状態のことである。大人ならば、健康な状態にはある一定の基準が設けられる。しかし子どもの場合、発達途中のため年齢の特徴を考えなくてはいけない。「子どもにおいては、日々の心身のブレ幅に加え、発達という変化が加わるぶん、健康と病気の境目が大人より余計あいまいになる」（山登, 2011, p.3）。そのため、子どもの様子で注意する点は、①発達的に大きく逸脱していないか、②いつもの子どもの様子と違っていないか、である。たとえば、幼い子どもが、慣れていない人からの質問に答えられずに親の顔を見上げて黙ってしまうことはあり得る。それが、小学4年生になっても家の外では話さないことが続いている（場面緘黙）、急にその反応が見られるようになった（対人不安）、などの場合、何が子どもに生じているのかを考えなくてはいけない。年齢が幼いほどこころの不安や混乱が、原因がはっきりしない心身の不調、乱暴、ぐずり、何もしたがらないなどの行動で表現されやすい（表3-1）。そのため本人に具合の悪さの自覚はなく、漠然と「面倒くさい」「つまらない」としか感じていない場合がある。

　特に、春と秋は、季節の変化で心身が安定しづらいとともに、新学期、夏休み明けと、環境が大きく変わる時期であるので注意したい。

　子どもの様子に気がついたら、こころの問題として扱う前に、対処の優

表3-1　児童に見られる心身の症状と行動上の問題の表（山登, 2011, p.3）

身体症状	発熱、頭痛、腹痛、食欲不振、嘔気・嘔吐、下痢、不眠、夜尿、夜驚、全身倦怠感、チック、めまい、失神発作、過喚気、喘息発作、胸痛、四肢痛など
精神症状	不安、緊張、恐怖、イライラ、かんしゃく、注意・集中力の低下、意欲の低下、憂うつ、解離、強迫など
行　　動	指しゃぶり、爪噛み、抜毛、乱暴、甘えなど

先度が高い5つの視点より検討していく。(1) 身体の病、(2) 精神疾患、(3) 知能、(4) 発達障害、(5) 生活状況の5点である。

(1) 身体の病

　身体病のために今の状況が生じている場合がある。たとえば、視力が悪くなっているため勉強したがらないという単純なことから、貧血で集中力や思考力が下がってだるいので学校へ行きたがらない、てんかんで数秒間のみ意識消失をする（欠神発作）ため物を落としやすくぼんやりしているなど、多様である。

(2) 精神疾患

　統合失調症（第4章第5節）は薬物療法が第一優先である。ただし、子どもと大人の違いのため、言動からすぐに決めつけることは早計である。たとえば大人が、次の4つの質問に1つでも「はい」と答えたならば、通常は心配になるであろう。その質問とは、①あなたは超能力や読心術などによって自分の心の中を誰かに読み取られたことがありましたか？　②テレビやラジオからあなただけにメッセージや暗号が送られてきたことがありましたか？　③あなたは誰かに後をつけられたり、こっそり話を聞かれたりされていると感じたことがありましたか？　④あなたは他の人には聞こえない声を聞いたことがありましたか？　である。中学生約5,000人を対象にした調査では、約15%がはいと回答していた（西田・岡崎, 2007）。このことにより宮田（2009）は、精神病様症状が一過性にあったとしても、統合失調症の発症を意味するものではなく、特別な子どもの問題ではないことをこの数字は示していると考察している。また、「ゆううつ感」は小学校高学年から中学入学後くらいから気がつけるようになる。それ以前の年齢ではイライラや怒りっぽさが強くなりやすく、大人同様のうつ症状は10代前半以降の年齢になってからでないと、自覚されづらい（宮川, 2011）。

　睡眠が短くなる、いくら寝ても眠たがっている、食事の量が減った、対人関係の減少、対人トラブルの増加、課題遂行能力の低下という状態がいくつか見られるときに、本人が意識できている困り感を把握し、そのための援助である旨を伝えて医療機関受診を勧めたい。

　子どもの精神疾患では、「治すことと育ちを確保することは常に一体のものとして考えねばならない」（清水, 2002, p.8）。子どもの成長に必要な社

会経験を持てるようにしていくことは教育現場が中心になる。子どもが穏やかな対人交流を多く持てること、同年代の仲間とのつながりを持てることは、子どもの回復に寄与する。

(3) 知能

　知的な遅れが軽度の場合、具体的な物事を考える力があり、情緒も幼いが豊かなので、小学校低学年では日常生活・友人関係での問題は生じにくい。通常学級に在籍することも少なくない。しかし、小学校高学年になると、抽象的概念理解が求められる学習についていくことが大変になる。また、知的能力は状況把握や記憶力、判断力などの適応能力に関係しているため、学年が上がるにつれて友人関係における適応の難しさも上がっていく。そのため、小学校3, 4年生頃より学習援助や環境調整の必要度が上がる。

(4) 発達障害

　発達障害（第5章）の子どもは、定型発達の子どもとは、状況把握や体験の仕方に違いがあり、本人なりに努力しているのにもかかわらず周囲とずれが生じやすい。そのため、周囲からの批判を受けやすいが、本人には原因がわからないので、ストレスによる問題行動や症状を生じやすい。子どもの特徴に添った教育的な支援が受けられるようにしたい。

(5) 生活状況

　生活リズム（早寝早起・3食）が整っているか、食事がコンビニ弁当や菓子、インスタント食品ばかりで必要な栄養が不足していないか、養育環境は落ち着いているかの生活面にも注意したい。子どもは周囲からの影響を良くも悪くも、大人より強く受ける。たとえ本人には何の問題がなくとも、家庭の経済状況のために生活面で他の子どもと同様のことはしづらい、進学が難しいため将来像を描きづらいなど、子どもにはどうしようもできないことがある。保護者に養育のための公的援助の情報を知ってもらうことも、直接ではないが子どもの援助につながっている。

　以上のことがどの程度、子どもの状態に影響を与えているのかを考えながら、心理的な問題にも関わっていく。知的能力の障害、発達障害から派生する二次的障害として、周囲からばかにされたり搾取されたりしてしまうことに起因する無気力、腹痛や頭痛、周囲とのけんか、自己肯定感の低下などがある。環境調整の優先度が高いとは言え、本人の困り感や辛さ、寂

しさ、憤りは強いので、こころの状態に気をつけることも有用なのである。

B　子どもへの関わり

　心理的理由により今の状態が生じていると推測されても、子ども自身から客観的な原因を聞くことは難しい。なぜなら、自分に影響を与えているさまざまな要因の中から主要な原因を1, 2個挙げるには、内省力や言語力が求められ、適切な理由を述べるには客観視と状況把握の力が必要だからである。そのため、まず子どもへの関わりで行うことは、話や行動の中から子どもの様子を推測し、「このように頑張っているのに、思うようにいかなくて、いつもより少し元気がないように見えるのだけれども」と本人が困っている可能性や、「自分だとそういうときには、こういう感情が起こるかもしれないかも」と具体的な感情の例を提示してみることである。それが、子ども自身で困り感やその理由を把握できるようにする手助けとなる。

　子どもの精神障害がどのような心的理由で生じるのかを考える際には、本人のこころの特徴である性格や行動特性、関心の持ち方、今までの経験から身につけた適応方法をまず考える。そして、周囲にいる家族、クラスメート、友人、教員との組み合わせで、どの特徴が好かれどの特徴が嫌がられているのかを見ていく。たとえば、静かに読書をしていることが好きな子どもが、運動が大切であると考えている父親から厳しくスポーツ指導をされた場合、2人の体験のずれは大きい。父親は必要であり良いことを伝えようとしているのに、子どものやる気のなさと上達の遅さにイライラする。子どもは、父親が怒るので怖いと感じ、萎縮した身体になるため余計に動けなくなってしまう。周囲が良かれと思い行った関わりであっても、本人と周囲のずれが、だんだん大きくなってしまうと、遂には負担感が積み重なり症状として表現されるようになってしまう。

　心理的な理由で症状が出ている場合に、自分がこの子どもに関わるかどうかは、その子どものことが「好き、もしくは嫌ではない」感情があるかどうかで決めてほしい。どうしても否定感の方が好感情よりも多い場合は、直接子どもに関わる役割を子どもと相性の良い人に託し、必要な他の援助を行う役割を担う方が、悪影響が少ないようである。本人への関わり方としては、まずは、本人の問題に関係している特徴を1つだけ取り上げ、そ

の意味を肯定的に言い換える。たとえば、引っ込み思案とは、状況把握を
しっかり行ってから動く慎重さがあるとも言えるし、衝動的とは、思い立
ったらすぐに行動する実行力を有する可能性があるとも考えられるし、人
の評価を気にするのは、周囲の期待に応えたいと頑張るところがある、と
も捉えられる。この特性を本人にも、具体的な本人の行動例を出しながら
肯定的意味づけとして伝え、その特徴を活かしていくために、どのように
工夫していったらよいのかを一緒に考えようと提案する。

　他の病と同じく、精神障害も早期発見・早期治療（投薬）が推奨されてい
る。しかし子どもの場合、一部の精神疾患への注意深い投薬を除いて、原
則的に薬は控えめにする方が良い（井原，2011）という考えもある。たとえ
ば、大人から援助を受けて苦手な運動を克服した小学生が、イライラして
眠りの浅い落ち着きのない子どもから、前向きで活発なよく眠る子どもに
変化することはあり得ることである。子どもは成長過程にあるため、変化
の速さも度合いも大きい。疾患のことは頭に置いておかなくてはいけない
が、人からの関わり方の変化により子どもの状態は変わる可能性が高い。
可能であるならば、誰か信頼できる人とともに、子どもが自分の不安定な
状態を経験する機会を持ってほしい。不安感は消さなくてはいけない怖い
ものではないとわかり、不安感に持ちこたえる力と人からの手助けを受け
る力が育つという有益な面もある。

C　保護者への関わり

　子どもの精神障害は、保護者にとって受け入れがたい事態である。教員
から自身の子育てに問題があるとみなされているのではないかと感じたり、
周囲の人々の子どもへの関わりが問題を起こしているとみなしたりする場
合も多々ある。教員が子どものことを好ましく思っており、学校全体で子
どものために援助したいと考えていることが前提として伝わっていないと、
保護者が学校での子どもの問題を落ち着いて聞くことが難しい。日頃から、
子どもの良い点、努力していることを伝えるとともに、率直に心配な事柄
も少しずつ伝えておきたい。そのうえで、保護者に対して学校での状態を
報告し、家での様子も教えてもらう。保護者も子どもに困った状態が生じ
ていると感じている場合があるが、学校と家庭では刺激が異なるので、学

校ほど問題が見られない場合もある。家でも問題が出現している場合は、保護者の大変さに共感し、学校としてもその問題への対応をともに進めていきたい旨を伝える。家庭では問題が認められない場合は、出現の差異は、子どもへの対応や環境がどう違うと子どもが落ち着きやすいのかの手がかりになることを伝え、家庭での様子を詳しく聞かせてもらう。保護者に、学校が子どもに困っているのではなく、子ども自身が困っていることを問題行動として表現しているので、なんらかの手助けをしたいと思っていることが伝わると、協力関係が得られやすい。

D 周囲の大人たちが関わり続けるために

　子どもの精神障害は、周囲の大人たちに高いストレスを与え、うつ状態や身体の病を生じさせることもある。また、子どもを援助したいと望んでいても、時には子どもへの対応を苦痛に感じることもある。その際には、可能な範囲でいったん子どものことを横に置き、大人自身の立て直しに努めたい。愚痴を誰かに聞いてもらう、正解の対応はやってみないとわからないとの姿勢でやってみる、うまくいかなかったら素直に子どもに謝る、子どもに対してどのような感情を抱いても良いとする（宮田, 2009）など、大人が自身のこころを率直に受けとめられるようになりたい。疾患への治療は医療機関で行うが、社会に出ていくために必要な知識を学習し、社会的な機能不全を少なくすることは教育の場でしかできないことなのである。

┃┃トピック┃┃ ヤングケアラーと精神障害

　ヤングケアラーとは、一般に大人が担うと想定されている家族の世話（炊事洗濯等の家事、育児、送迎、付き添い、介助、看病、見守り、精神的なサポート、家計のための労働等々）を日常的に行っている子どもを指した言葉である。ヤングケアラーは、家族の世話に時間を費やしているぶん、学校外での勉強時間や友達と遊ぶ時間が取れなかったり、自分の衣食住に配慮が行き渡らず遅刻や体調不良が起こりやすくなったりし、その結果、学業不振や孤立した状態等につながっていく危険性を持つ。周囲の大人が「えらいね」などと当事者を褒めているケースがあるが、それは本質的な問題解決にはつ

ながらない。この問題の本質は、「本来自分のために使えたであろう時間や精神的なエネルギーが、半ば強制的に家族のケアに取られてしまう。しかも、その状況は他の同年齢の友人と共有できないことが多く（同じ状況の人が少ない、あるいは家族の秘密となっている等）、孤立的な状況を味わう可能性が高い」ことだと、認識しておく必要がある。反対に言えば、遅刻・欠席・保健室利用の多さ、集中力散漫、学業不振、孤立、衣服の乱れ・汚れ等があった場合は、ヤングケアラーである可能性も視野に入れて対応したい。

　2020（令和2）年度に厚生労働省が主導して実施されたヤングケアラーの実態に関する調査（令和3年3月に発表、実施者は三菱UFJリサーチ＆コンサルティング）では、「世話をしている家族がいる」と答えた中学2年生は5.7％に及んだ。その中でも、精神障害を持つ親の世話をするヤングケアラーは、「精神的にきつく、時間的余裕もない」と感じる割合が高いことが、先述の調査で報告されている。精神障害の知識がない人に自分の親の状況は話しにくいだろうし、そもそも子ども自身が精神障害について間違った理解をしている可能性も十分にある。まずは教員が精神障害やヤングケアラーについて正しい知識を身に付け、チーム学校として子どもを支える土台作りから取り組めるとよいだろう。そして、子どもの訴えを真摯に聴き、その子のニーズを捉えて、必要な社会的資源を活用する可能性を検討したい。

引用文献

井原裕（2011）．くすりを飲んで大丈夫？　山登敬之・齋藤環編　入門子どもの精神疾患──悩みと病気の境界線　こころの科学増刊　日本評論社　pp. 135-139.

三菱UFJリサーチ＆コンサルティング株式会社政策研究事業本部（2021）．「ヤングケアラーの実態に関する調査研究　報告書」．

宮川香織（2011）．元気がない？　それともうつ？　山登敬之・齋藤環編　入門子どもの精神疾患──悩みと病気の境界線　こころの科学増刊　日本評論社　pp. 16-21.

宮田雄吾（2009）．子どもの心の処方箋──精神科児童思春期外来の現場から　新潮社

西田淳志・岡崎祐士（2007）．思春期精神病様症状体験（PLEs）と新たな早期支援の可能性　臨床精神医学，36（4），383-389.

清水將之（2002）．子どもの精神障害を考える　河合洋・山登敬之編　子どもの精神障害　日本評論社　pp. 1-17.

山登敬之（2011）．どこまで健康？　どこから病気？　山登敬之・齋藤環編　入門子どもの精神疾患──悩みと病気の境界線　こころの科学増刊　日本評論社　pp. 2-7.

2　摂食障害

A　摂食障害とは

　摂食障害（eating disorder）は身体的な疾患が理由ではない食行動の異常であり、神経性やせ症（anorexia nervosa）と神経性過食症（bulimia nervosa）の2種に大きく分けられる。神経性やせ症は、適正体重を大きく下回っており、客観的にはやせているにもかかわらず、本人は太っていると感じている。そのため、厳しい食事制限、過剰な運動、嘔吐や下剤による排出を行って、必死に体重増加を防ごうとしている（Frances, 2013　大野他訳　2014）。月経が止まることも多い。神経性やせ症の死亡率は6～10%と高く、栄養不足の身体への影響は、身長の伸びの停止、脳萎縮のための記憶力・集中力の低下、無月経、骨密度の低下による骨折のしやすさなど多方面に及ぶ（厚生労働科学研究, 2008）。柔軟な思考や合理的思考の難しさ、こだわり、不安、怒り、緊張が強くなる（井上, 2013）ことも見られるため、やせすぎによる生命の危険を伝えても、受け取ってもらいづらい。また、本人はダイエットハイという、やせることで恍惚とした良い気分状態になっていることがある。体格指数（BMI：体重 kg÷身長 m^2）が18.5未満の場合に注意が必要であるが、小学生・中学生の場合は、学校検診での身長体重測定値を用いて、通常の成長曲線からの逸脱で推測する方法がある。また、「①頑固な体重減少、②体重・体型に対する偏った認知、③体重・体型、食べ物の摂取への病的なこだわり」（日本摂食障害学会, 2012, p.39）も目安にする。

　神経性過食症は、適正体重の場合もあるが、太りたくないという思いの強さは同じで、膨大な量の食べ物を詰め込んだ後に、嘔吐や下剤により食べ物を排出して体重を保とうとする。過食している最中は、ほとんど味わうことなくとりつかれたように食べ続け、本人には食べることがコントロールできないと感じられている。そして、過食してしまったことを帳消しにするため、速やかに排出が行われる。拒食は当然栄養不足になるが、過食も正常体重であっても排出による栄養摂取欠如と飢餓類似状態のため、性格特徴として強迫性や衝動性が強くなる。また、無気力、倦怠感、抑うつ、思考力低下、集中力減退、悲哀感、焦燥感、自己嫌悪が認められるこ

とが多い（笠原，1998）。

摂食障害では、本人の自己評価は体重と直結しており、500gでもやせていることに価値がある。患者数に性差があり女性に多く、先進国にほぼ限定して認められることから、やせていることを能力の高さや美しさの現れとみなす文化的影響があると考えられている（Frances, 2013 大野他訳 2014）。また、発症年齢は思春期・青年期に集中している。近年、低年齢化で小学生に、長期化で30歳以上の人にもこの障害が認められるようになってきた。

B 摂食障害になる経緯

きっかけはダイエットが多く、強いストレス下での食欲不振による体重減少も発症のきっかけになることがある（井上，2013）。また、新体操、ダンスのバレエなどで周囲から体重制限を求められたことが引き金になる場合もある。やせた体型は本人にも周囲にも憧れであり、やせて価値のある、周囲から認められる自分を求めて、食行動異常が進んでしまうことになる。思春期・青年期は、通常でもそれまでの適応行動が通用しづらくなり、自分の価値や対人交流の方法を新たに構築しなくてはならない不安定な時期である。神経性やせ症は、現実生活での適応方法が通用しなくなり、「遭難したような気持ち」になっているときに、神経性過食症は「自分を嫌う気持ち」が蓄積されてモヤモヤとした嫌な気持ちから逃れたいと思ったときに生じやすい（水島，2009）。また、神経性やせ症から始まり、やせた体型を維持するための食事制限が破たんして過食に転ずることも少なくない。不安や不快を消す必要性から生じた食行動異常であるため、自分を太らせようとする周囲の関わりに対しては非常に抵抗が生じる。

C 病前の性格特徴

病前の性格特徴として、3タイプに分ける考えがある（井上，2013）。1つ目は、神経性やせ症に典型的な優等生タイプで、周囲の期待にこたえてまじめに努力して優秀な成果を上げてきたが、思春期に入り思うような結果が得られなくなったときに、その代替行為として努力すれば結果の出るやせることにしがみつく。2つ目が受身で親への依存が強く主体性の育たなかったタイプで、本人は意識的ではないが社会参加ができない理由に病気

が使われる。3つ目が孤立タイプで、攻撃性が高く、病気は家族を支配し自己主張する手段となりやすい。このように、摂食障害であっても性格特徴はさまざまであり、症状の意味に個別性が高い。原因として、母子関係や両親の夫婦関係が女性になることへの抵抗に影響しているという考えがある。だが、本人の支援に疲弊している家族に問題を見出すよりも、多様な要求をする社会の中で、自分がどう生きていくか混乱している児童・生徒を、周囲がどのように支えていくかという点から関わっていきたい。

D 摂食障害が疑われる児童・生徒への関わり

　摂食障害になると、本人たちには自分の身体は太って見え、ある部分には肉がつき過ぎており、油断をするとすぐに太ると感じている。そのため、「やせている」「太っていない」など、どんな言葉かけをしても、本人の身体への見方は変わらない。また、本当の体重を知られないために嘘をつく、食べ物の万引きなどの逸脱行動が出現することもある。そのため、本人の話のみを聞いての状況把握は難しい。保護者から家庭で、食べたがらない、人目を避けて食事をしようとする、食後すぐにトイレに籠るなどの変化が生じていないかを教えてもらう。外見の変化として、皮膚が乾燥して黄色みが強くなる、産毛が密生する、手の甲の吐きだこなどが認められる。摂食障害は身体的な負荷が大きい病である。やせてはいるが元気に通学し、部活動でも活発だった生徒が、突然、心臓死で亡くなることもある。そこで、学校における早期発見のガイドライン（厚生労働科学研究, 2008）が次のように提唱されている。①健康診断で、標準体重の−15%以下の児童・生徒を選んで成長曲線を作成する。②その中で、通常であれば増えていくはずの成長曲線の体重が、1チャンネル以上下方へ逸脱する児童・生徒を見つける。そして、本人に「成長曲線が下がっており、体重が減るのは何か病気が関係している可能性がある」ことを伝えて、保健室に来てもらい脈拍数を測定する。③脈拍が徐脈（60/分未満）になっている場合は、神経性やせ症が疑われる。しかし、本人は意識的には困っておらず、病院では無理やり太らされるという怯えもあるため、摂食障害を疑って病院受診を勧めても拒否されることが少なくない。そのため、無月経、徐脈などの身体症状を検査することを勧める形で病院を紹介する。低体温、低血圧になって

いる身体の状態を、「身体が冷たくなり、脈がゆっくりになって、冬眠中の動物のようになっているから、あなたはとても動きたいだろうけれど、身体は動かないでほしいなと言っているのかも」と伝える。摂食障害は身体へのケアが優先されるため医療機関との連携が欠かせない。摂食障害自体を改善する薬はないが、伴って起きる症状を緩和するために薬は有効である（井上，2013）。適切な食行動に戻すとともに、ほどほどの自分でも良く、何とかやっていけるという感覚を育てていくことが課題となる。また、やせた状態から回復しても、半年は身体を動かすことへの疲れやすさが残るものと考え、体育への参加、学業課題の量などには配慮が望ましい。

　学校では、社会の中で自分がどのように生きていったらよいのか自信を持てずにいる児童・生徒に対して、対人関係や勉強という現実生活を通して、自己肯定感を持てるように援助することが、回復への支えになる。

引用文献

Frances, A.（2013）. *Essentials of Psychiatric Diagnosis : Responding to the Challenge of DSM-5.* The Guilford Press
　（フランセス，A. 著　大野裕・中川敦夫・柳沢圭子訳（2014）. 精神疾患診断のエッセンス——DSM-5 の上手な使い方　金剛出版）
井上洋一（2013）. 摂食障害治療ガイダンス　鍋田恭孝編著　摂食障害の最新治療——どのように理解しどのように治療すべきか　金剛出版　pp. 21-36.
笠原敏彦（1998）. 摂食障害の臨床症状　野上芳美編　摂食障害　日本評論社　pp. 103-114.
厚生労働科学研究（子ども家庭総合研究事業）（2008）. 思春期やせ症——小児診療に関わる人のためのガイドライン　文光堂
水島広子（2009）. 焦らなくてもいい「拒食症」「過食症」の正しい治し方と知識　日東書院
日本摂食障害学会監修（2012）. 摂食障害治療ガイドライン　医学書院

3　アパシー

A　アパシーとは

　アパシー（apathy）とは、無気力、無関心、無感情を表す言葉である。こ

の言葉はもともと、うつ病や統合失調症の経過中に出現する症状としてよく使用されていた。しかし現在では、精神障害を持たない児童青年が示す無気力の一形態としても、この言葉が使われるようになっている。ここではアパシーを「心理的な問題によって意欲や関心が減退し、特に学業や学校生活に対して無気力化した状態」と捉え、説明する。

　日本で無気力化した若者が社会的に問題視されるようになったのは、1960年代後半から1970年代にかけて、高度経済成長を経て大学進学者数が増大した時代である。この頃大学では、サークルやアルバイトには比較的積極的に参加する一方で、特に学業に対して無気力を呈して留年を繰り返し、中には退学にまで追い込まれる学生の存在が指摘されるようになった。そして、この学業への無気力状態を中核とする症候群を、スチューデント・アパシー（student apathy）と呼んだ。その後、このようなアパシーは大学生のみならず、小・中・高校生や若年の社会人にも類似の状態が認められることが指摘されるようになっていった。

　下山（1997）が記したスチューデント・アパシーの特徴は、以下の3つである。①「悩まない」行動障害：自分が直面した困難な状況や自分の責任を避け、受けとめないという行動上の特徴。②「悩めない」心理障害：自分の欲求を意識できず、自分に対し問題意識を持てないという心理状態の特徴。③「自立適応強迫」性格：きちんとしていたいという一面や、周囲の期待に合わせる一方で、他者と一定の距離をとるという性格上の特徴。

　このような特徴を持つアパシーを呈している児童青年は、周囲の期待に合わせようと頑張り、勉強に関しても一生懸命取り組んできた人が多く、以前は真面目であったと評されていることも多い。周囲の期待に沿うために頑張ってきた結果、自分自身は何がしたいのかがわからずに、進級、卒業に向けての活動、また社会に出ていくための活動にエネルギーが注げない状況に陥ってしまったと理解できる場合がある。また、周囲の期待に応えようと頑張ったが、思ったような結果が得られない、あるいは結果が得られないだろうと予測できてしまい、その結果学業などに向かうエネルギーが枯渇してしまったと理解できるケースもある。

B アパシーへの対応

　アパシー状態にある児童青年への対応は、その年齢によって発達上どのような意味があるのかを考えて修正する必要はあるが、基本的な心構えは同一である。

　アパシー状態に陥っている本人は、自分がなぜ無気力になっているのかや、自分の今の心境などを言葉で説明することが困難である。まずは「学業から逃れたいけれど、それだけではまずいこともわかっている。しかし、現実を直視するのは怖い」という本人の心境を理解したい。そして、本人が話しやすい内容で雑談することから始める。このような地道な関係作りを通して、他者と表面的ではない交流を持てるようにしていく。本人が自分について考え始める段階になったら、自分は具体的に何をしたいか、何が気がかりなのかを一緒に整理し、実際に取り組むことを考えていくことになる。しかしながら、場合によってはアパシー状態から脱するのに1年以上かかる場合もあり、進級や卒業などで担任の教員が継続して関わることが難しい状態になることもある。担任の教員は他の教員やスクールカウンセラー、専門機関などと連携して対応することを通して、支援体制が途切れないようにしておくことも大切である。

引用文献

下山晴彦（1997）．臨床心理学研究の理論と実際——スチューデント・アパシー研究を例として　東京大学出版会

考えてみよう

・・・・・・・・・・・・・・・・・・・・・・・・・・・・・・

　この章を読む以前は、子どもの精神障害に対してどのようなイメージを持っていたかを書こう。また、この章を読んだ後、そのイメージがどう変化したかを書こう。

第4章 主に青年期から成人期の精神障害

本章のポイント

　子どもはやがて大人になる。また、子どもを取りまく環境には必ず大人がいる。そのため、子どもの教育相談に際しては、学童期から思春期に関するメンタルヘルスの知識を学ぶだけでは十分とは言えない。本章では、主に青年期から成人期までのメンタルヘルスの知識のうち、特に教育相談に必要なものを取り上げた。具体的には、アディクション、パーソナリティ障害、不安症、双極性障害、うつ病、統合失調症に関して、その基本知識を中心に、対応を含めて解説する。

1 ● アディクション

A アディクションとは

　アディクション（嗜癖：addiction）とは，日常生活に支障が生じるほど、ある物質や一定の行為にひどくのめりこみ、自分でも統制ができない状態で、一般的には依存や依存症の用語で呼ばれることが多い。アメリカ精神医学会が定めた診断基準 DSM-5（2013）では、物質関連障害および嗜癖性障害群（substance-related and addictive disorders）に該当する。DSM-Ⅳ-TR（2000）から DSM-5 への改訂に際して、アルコール依存症はアルコール使用障害（alcohol use disorder）へと名称が変わり、ギャンブル障害（gambling disorder）も加えられている。

　嗜癖の対象は、アルコール、タバコ、薬物などの物質への依存、買い物、ギャンブルなどの行為への依存、恋愛、性行為など対人関係への依存がある。また、DSM-5 では、今後の研究のための病態（conditions for further study）としてインターネットゲーム障害（internet gaming disorder）が、ICD-11（2022）では、ゲーム症（障害）（gaming disorder）の診断基準が発効した。

B アディクションの症状と原因

　アディクションの対象は人それぞれであるが、ある物質や行為に依存してしまうこころの働きには共通した側面があると考えられている。熱中する対象があったとしても、日常生活に影響がないようコントロールでき楽しみの１つとして作用するならば、正常の範囲内である。

　しかし、アディクションに陥ると、その対象がないと居ても立ってもいられない状態になる。対象から得られる強烈な快感や高揚感を求め、「今回限りで終わりにしなくては」と本人が自覚し罪悪感を抱えていても、どうしてもやめられなくなってしまう。その結果、日常生活が破綻し、周囲の家族や他者を必然的に巻き込むことになる。また、徐々に慣れが生じるので、対象を用いる回数や量など刺激を増やさないと満足できなくなる。

　このようなアディクション行動の背景には、漠然としたさみしさや空虚感、解消できないストレスなど心理的問題が存在すると考えられている。

周囲からは対象に依存し現実から目をそらしているかのように見えるため、こころの弱さの問題と、偏見を持たれてしまうことが多い。しかし、アディクション行動は、心理的苦痛、身体的な性質、社会的要因などさまざまな要素が絡み合って生じるため、単なる意志や決意の問題とは言えない。むしろ本人にとっては、アディクションの対象に依存することが苦手なことを行う際の不安をコントロールしたり、リラックスする機会を与えてくれたりするなど、問題に対する唯一の対処方略（コーピング coping）である場合が多い。周囲がこうした本人の心情を理解し、依存対象がなくても毎日が過ごせるよう、長期的に支える姿勢が重要である。

C　行為に対する依存

　子どもたちの最も身近にある行為への依存は、オンライン・オフラインにおけるゲーム依存、チャットツールやSNSなどへのインターネット依存であろう。インターネットの全面禁止などは現実的に困難であるため、使用ルール（使用していい時間帯、1日の使用時間制限など）を子どもたちと事前によく話し合ったうえで、徹底して守らせることが大切である。教育現場では、インターネット使用の利便性や弊害、対人交流の作法などを集団で考え、危険性を話し合える機会が設けられるとよい。

　また、買い物依存はものを買う行為によって高揚感や爽快感を体験し、不必要な買い物を重ねてしまう状態である。ショッピング時に実物を見たり店員に褒められたりすることによる興奮が依存を引き起こすだけでなく、現代ではネット上での手軽な買い物にのめりこんでしまうおそれも高い。クレジットカードさえあれば商品を購入でき、お金を使用している感覚も持ちにくい。カードや金銭の管理を徹底する、どんなときに買い物がしたくなるか話し合うなど、家庭での関わりも重要になる。

D　物質に対する依存

　アルコール、違法薬物などへの依存は、子どもたちの一生を左右しうる深刻な問題である。特に、アルコールは入手が容易で適量であれば社会的にも許容されるため最も依存しやすい。大量摂取を繰り返すことで依存や耐性が生じるが、中断するとふるえや不安、イライラなどが強まるため、

再び大量に飲酒するという悪循環に陥ってしまう。

　また、近年は一見すると違法に見えないさまざまな薬物の混合品（いわゆる危険ドラッグ〔脱法ハーブから名称変更〕）が安価で購入でき、インターネットや繁華街で簡単に入手できてしまう。依存性のある危険な薬物とは知らず、ささいな好奇心や同世代のグループの勧めから使用し、やめられなくなってしまう場合も多い。一度の使用であっても、情緒不安定、幻覚や被害妄想などが生じることもある。

　物質依存の恐ろしさを学校や家庭で事前に学び共有しておくことが使用の抑制に繋がるが、一度使用してしまうとどうしてもやめられなかったり、いやなことがあると再び使用してしまったりする。反発心や衝動的な暴力を引き起こさず、正直に打ち明けられるよう、「あなたを心配している」というメッセージを伝えるほうが効果的である。また、アディクションに伴う害を少しでも抑制するハームリダクション（原田，2021）も注目され、依存の対象を根絶できずとも頻度や量を減らす視点も大切である。深刻な依存も想定し、担任教諭や両親だけでなく、校長や養護教諭、スクールカウンセラーなどとも連携し対応を考えていく必要がある。

E　周囲の大人がアディクションに陥っている場合

　教員の力が必要となる事例としては、子どもたちの身近な大人がアディクションに陥っている場合もある。たとえば、保護者にアルコール依存が認められる際には、子どもに対する暴力や暴言のおそれ、家庭内での暴力や暴言を日常的に目撃してしまうおそれなどがある。また、日中も飲酒し仕事ができない、金銭を酒代に費やすなどの理由で経済的な困窮に陥ったり、食事や掃除など養育環境が整わなかったりといった実際的な問題も生じる。こうした環境下では、心理的苦痛とともに身体的な成長も妨げられるおそれが高い。

　家庭に直接介入することは容易ではないが、まずは子どもとの間に安心できる関係を築き、学校に居場所を作ってあげることは可能である。子どもが守られる環境が維持できるよう、依存症家族に悩まされている子どもの父親や母親とも話し合うなど、周囲の大人が協力して関わる必要がある。

引用文献

American Psychiatric Association（2013）. *Diagnostic and Statistical Manual of Mental Disorders*（5th ed.,）. American Psychiatric Pub.
（American Psychiatric Association　高橋三郎他（監訳）（2014）. DSM-5 精神疾患の診断・統計マニュアル　医学書院）

American Psychiatric Association（2000）. *Diagnostic and Statistical Manual of Mental Disorders*（4th ed., Text Revision）. American Psychiatric Association.
（American Psychiatric Association　高橋三郎他（監訳）（2002）. DSM-Ⅳ-TR 精神疾患の診断・統計マニュアル　新訂版　医学書院）

原田隆之（2021）. 物質に関するアディクション　津川律子・信田さよ子（編）　シリーズ公認心理師の向き合う精神障害 3 心理学からみたアディクション（pp. 17-33）朝倉書店

World Health Organization（2022）. *ICD-11 International Classification of Diseases*（11th Revison）. https://icd.who.int/（2022 年 2 月 10 日）

2　パーソナリティ障害

A　パーソナリティ障害とは

　どんな人にでも性格の傾向があり、ものの見方や感情の表し方、人付き合いの方法などに、ある一定のパターンがある。たとえば、傷つきやすく感情が不安定になりやすい傾向、人との交わりに関心が薄く内向的な傾向など人それぞれである。こうしたパターンはその人なりの個性として捉えられるが、一般の程度と比較してその偏りが著しく、日常生活に大きな困難を生じる場合にはパーソナリティ障害（personality disorder）と分類されることがある。ただし、明らかに異常であるようには見えず、日常のやりとりも表面的には問題ないため、本人の自覚がなかったり社会場面に一応は適応していたりすることもある。

　パーソナリティ障害の概念の歴史としては、1920 年代にドイツの精神科医シュナイダー（Schneider, K.）によって記された 10 の性格特徴が代表的であり、今日のパーソナリティ障害の基盤となっている。またドイツの精神科医クレッチマー（Kretschmer, E.）も、統合失調症、躁うつ病、てんかんの患者を調査し、それぞれの障害に想定される性格分類を発表している。

　なお、以前は「人格障害」という呼称が用いられていたが、日本語の「人格」ということばは、人間性を表す意味合いも含んでおり否定的な印象が生じやすいため、近年は「パーソナリティ障害」の名称が広まっている。

B　分類と原因

　アメリカ精神医学会が定めた精神障害の診断基準であるDSM-5（2013）では、その特徴に応じてパーソナリティ障害に関する10の類型分類が記述され、それらがさらにA群からC群の3群にまとめられている（表4-1）。

表4-1　パーソナリティ障害の類型

群	類型	特徴
A群	猜疑性パーソナリティ障害／妄想性パーソナリティ障害	他者への不信感や猜疑心が強く、周囲に警戒的である。勘ぐりやすいため、被害的になりやすく、安定した対人関係が築きにくい。
	シゾイドパーソナリティ障害／スキゾイドパーソナリティ障害	内向的で、1人でいることを好むため、他者との親密な関係が築きにくい。学問など1つの事柄に熱中できる資質を備えている場合もある。
	統合失調型パーソナリティ障害	奇妙な考えや感覚を抱き、変わった知覚体験はあるが、統合失調症と診断されるような明らかな妄想や幻覚はない。
B群	反社会性パーソナリティ障害	自責感や後悔を感じにくく、他者に対して実は冷淡だが、そのことが周囲に気づかれにくい。暴力など強い攻撃性が認められる。
	境界性パーソナリティ障害	空虚感が強く、感情の不安定を自覚し、時に強い苛立ちや不快感などが生じる。衝動的な行動、見捨てられ不安などが認められる。
	演技性パーソナリティ障害	他者の気を引こうと感情を誇張して表現するなど大袈裟な行動を示す。他者とは打ち解けやすいが、関係も感情も表面的な関係にとどまる。
	自己愛性パーソナリティ障害	自信過剰である反面、他者からの評価には傷つきやすい。理解されないと感じると、強い怒りを向ける。
C群	回避性パーソナリティ障害	他者との交流を強く望むものの、周囲からの拒絶を恐れる。新しい出会いなどでは、逃避傾向がでるため、社会参加の困難さにも関係する。
	依存性パーソナリティ障害	特定の人に強い依存を向け、庇護してもらうために服従的に振る舞う。自分でもできるはずのささやかな決断を依存対象に任せてしまう。
	強迫性パーソナリティ障害	過度の几帳面さ、完全主義が認められ、秩序を重んじる。融通が利かず、結果として効率的に作業をすることができない。

ただし、診断の信頼性は境界性パーソナリティ障害を除いて低いと補足されている。

原因については、生まれもった遺伝的な影響と育った環境の影響との相互作用が指摘されている。人にはもともと備えている気質（temperament）があり、そこから振舞いや考え方の傾向、好き嫌いの感覚などが生じる。

それと同時に、生育時の環境に大きな影響を受けながら、人としての多様さや深みを育んでいく。特に、パーソナリティ障害の場合には、成長過程で健全で一貫した愛情が与えられていたかどうかが心理学的に重要と考えられている。幼い子どもは、家族が自分に対して十分に注意を向け、意志を察し、それに応えてくれることで、こころの基盤となる他者への基本的信頼感（basic trust）や持続的でほどよい情緒的なつながり（愛着attachment）を身につけていく。しかし、こうした関わりが十分になされず不安定な情緒関係のまま子ども時代を過ごすと、その後も人に対する信頼感を持ちにくく安定した人間関係を築けなかったり、周囲の人や出来事に刺激されやすく感情のコントロールが難しくなったりする。このように元来の気質に成育環境が影響することで、極端なものの見方や人付き合いのパターンが形成されると考えられている。

C　学校や家庭での対応

そもそも、成長の途中でありこころの状態も不安定になりやすい子どもたちをパーソナリティ障害と判断するのは危険である。パーソナリティ障害は基本的にはパーソナリティ形成が整った成人に対して使用されるものである。しかし、顕著なパーソナリティ傾向が学校生活に大きな影響を与えている場合には、パーソナリティ障害の特徴を想定して対応することも有用であろう。

教育現場で対応が必要となる場合は、子ども自身ではなく、子どもを取り巻く周囲の人々にパーソナリティ障害が疑われることの方が多い。最も身近な保護者にその傾向が示されることもあり、子どもたちが不必要に傷つくことなく学校生活を過ごせるよう、教育現場からの支援が大切である。

パーソナリティ障害が疑われる人の多くは、強い態度で主張してきたり執着しやすい傾向があったりするため、相手の一時的な状態に振り回され

ず、一貫した態度で接することが基本的な関わり方として挙げられる。ま
た、教員ごとに対応が異なると、混乱させたり気持ちを刺激したりするの
で、あらかじめ対応を話し合い、学校全体が1つのチームとなって関わっ
ていくことが大切である。不信感が強かったり被害者意識が強い傾向があ
ったりする場合には、不安を刺激しないよう強く否定したり非難したりせ
ず、話に真剣に耳を傾ける姿勢が必要である。感情の揺らぎやすさや衝動
的な言動が目立つ場合には、対応が難しくとも特別扱いや機嫌をとるよう
なその場しのぎの態度はとらず、一定の心理的距離を保ちながら接するこ
とが望ましい。教員が巻き込まれて共倒れするような事態は避けたい。

　こうしたパーソナリティ傾向のある人を身近に持つ子どもに対しては、
困ったことを素直に話せるよう、日頃から子どもとの信頼関係を育み、相
談しやすい雰囲気を作る必要がある。子どもたちが対象者のどんな言動に
困っているか、それに対してどんな気持ちや考えが生じるかなど、十分に
傾聴しながら、適度な関わり方を一緒に模索することが重要であろう。

引用文献

American Psychiatric Association (2013). *Diagnostic and Statistical Manual of Mental
　Disorders* (5th ed.,). American Psychiatric Pub.
　(American Psychiatric Association　高橋三郎他 (監訳) (2014). DSM-5精神疾患の
　診断・統計マニュアル　医学書院)

3　不安症

A　通常の不安と病的な不安

　自分の将来はどうなっていくのだろう……この国の未来は？　いや、そ
れよりも明後日のテストのできは？　このような考えがよぎり、不安
(anxiety) を感じた経験はあなたにもあるだろう。不安は誰にでも起こるも
ので、不安自体が異常なこころの状態とは言えない。不安を感じることで
より勉強に打ち込んだり、授業の発表の準備を入念に行ったりすることも
あるので、不安は肯定的な一面も持っている。では、通常の不安と病的な

不安との違いは一体どこにあるのだろうか。これは難しい問題であるが、病的な不安の大まかな指標としては、①不安の強さが尋常でなく激しい、②不安が特に長く続く、③不安の性質が日常的な不安と異なる特別な色彩を持っている、ということ（原田，2008）が挙げられる。

B　不安症の種類

　不安症（anxiety disorder）は、不安や恐怖という気分や感情の状態が強く関連した精神障害の総称である。以下に、DSM-5（2013）で記載されている不安症に属する主なものを説明する。また、不安症には含まれないが、不安と関連がある強迫症と心的外傷後ストレス障害もこの項で取り上げる。

(1)　限局性恐怖症

　限局性恐怖症（specific phobia）は、ある特定の対象や状況（高所、暗所、閉所、公共のトイレ、水、血液、刃物、動物、虫など）に対して過剰、かつ不合理な恐怖を感じ、そのことによって生活に支障をきたす障害のことである。恐怖というありふれた感情が対象なだけに、「本人が恐怖に打ち勝てば克服できる」と思い込みがちであるが、恐怖症の改善には専門的な知識と技法が必要である。

(2)　社交不安症

　よく知らない人たちから注目を浴びるような状況について過剰な不安・恐怖を感じ、日常生活に支障をきたしている場合、社交不安症（social anxiety disorder）と分類される。社交不安症を持つ人は、特に「恥をかくのではないか」という強い不安・恐怖を感じており、人前でスピーチをするような状況に置かれると、顔を真っ赤にして大量の汗をかいたり、手や声が震えたりすることもある。社交不安症を持つ人にスピーチを強要するようなことは避け、本人がチャレンジしたい気持ちがあるならば、「どんな工夫をしたら不安が軽減するか」を一緒に考える姿勢でいたい。

(3)　パニック症

　パニック症（panic disorder）は、パニック発作（panic attack）と予期不安（expectancy anxiety）という2つの症状がある。パニック発作とは、身体的な異常や病気がないにもかかわらず、激しい動悸や窒息感などが突発的に起こるというものである。この発作は、「死ぬのではないか」という強い恐

怖を引き起こし、発作がおさまった後も「再びパニック発作が起こるのではないか」という予期不安がつきまとうようになる。通常、パニック発作は数十分で沈静化する。パニック発作が起こった場合の対応としては、まずゆっくりと休める場所まで誘導することである。また、予期不安があるため外に出たがらない、自信をなくして行動が起こせない、という状態となることがある。できることを１つひとつ着実に増やしていくことが大切であり、学校は本人のペースを崩さぬように見守る態度が大切である。

(4) 全般不安症

多数の事柄（仕事や学業など）に対して、過剰な不安と心配を長期間にわたって感じていて、その不安をコントロールできずに苦しんでいる場合、全般不安症（generalized anxiety disorder）と分類される。この強く持続的な不安により、身体的、行動的な症状も引き起こされることが多い。たとえば、睡眠障害、疲れやすい、頭痛、多汗、消化器系の異常などの問題を抱えることはよく見られる。治療が長期にわたることも多い疾患であるため、不安を抱えるその人とともに歩んでいこうとする態度が求められる。

(5) 強迫症

強迫症（obsessive-compulsive disorder）の特徴的な症状は、強迫観念（obsessive idea）と強迫行為（compulsive behavior）である。強迫観念とは繰り返し起こる特定の思考・衝動・イメージであり、それは強い不安や苦痛を引き起こす。強迫行為は、その強迫観念により生じた苦痛を払拭するために行われる反復的で過剰な行動のことを言う。たとえば、「自分にたくさんの菌がついている」という考えが頭から離れず１日に数時間も手を洗うことに費やしたり、「家の鍵を閉め忘れたのではないか」と何十回も確認をして予定通りに行動ができなかったりする。強迫行為を目の前にすると、「やめなさい」「そんなことはしなくてもいい」と声をかけたくなることが多いが、強迫行為を禁止するとむしろ症状が悪化してしまうこともある。強迫行為を行っていないときやその人自身が生き生きと過ごしているときなどに、肯定的な声かけをしていくことが本人の自己肯定感を向上させる助けになるだろう。

(6) 心的外傷後ストレス障害

心的外傷後ストレス障害（post traumatic stress disorder）は、PTSD と称さ

れることが多い。この障害は、強い恐怖や無力感を感じさせるようなスト
レス因子を見たり、聞いたり、体験したりした後に起こる症候群である。
ストレス因子の例を挙げると、自然災害、傷害事件、交通事故、激しい虐
待やいじめなどがある。日本では1995年阪神・淡路大震災が起こったとき
に注目されて以来、2011年の東日本大震災後も、よく取り上げられる障害
である。症状の特徴としては、①フラッシュバック（flashback）や反復的思
考、夢などによってそのストレス因子が再体験され続ける、②ストレス因
子となった出来事に関連することを避けようとする、③感覚や感情が麻痺
したような無意欲的な状態、④神経過敏で集中困難な状態、の4つがある。
衝撃的な体験をした直後は、先述のような反応が現れるのは不思議なこと
ではなく、むしろ当然な心身の反応と言える。その人にとって安心・安全
な環境が整えられると、先述のような反応は時間経過とともに弱まってい
くことが多く、このことを知っていること自体が安心感につながる。学校
においては、本人がどうしたら安心して、これまでの日常と変わらないよ
うな生活を送ることができるかを考えて対応をするとよい。専門的な治療
が必要な目安としては、上記の症状が自然に治まらずに長く続く場合や、
症状が強くて生活に大きな支障が出ている場合などが挙げられる。

引用文献

原田憲一（2008）．精神症状の把握と理解——精神医学の知と技　中山書店

4　双極性障害とうつ病

A　「ゆううつ」と「うつ病」

　「気分がへこむ」「ブルーな気分」など、広義の「ゆううつ」は誰でも体
験する。わずか1秒だけ「ゆううつ」というのは経験しないので、ゆうう
つはもともと比較的長く続く気分（これをムード：moodという）の一種である。
人が成長・成熟してゆく過程で思い悩むことは必須のことであり、全く何
も悩まなければ内的な発達は促進されず、結果として納得した人生も得ら

れない。思い悩むことに、ゆううつはつきものである。また、自分の望み通りにいかない事態や、思い通りにならない状況というのも、私たちの日常であり、思い通りにならないときのイライラ、不快感なども、単に怒りの感情だけとは言い切れず、そこにはゆううつも幾分かは含まれているだろう。

　一方で、ゆううつ、心配、気がもめる、イライラ、不快感などといった気分は、たとえそれが人間存在に不可欠なものであったとしても、少しでも軽減し、できれば排除したいと考えるのも、多くの人々の本音かもしれない。

　さて、「ゆううつ」を示す英語の1つとしてディプレッション（depression）がある。depression はたくさんの意味を持つ言葉であり、①意気消沈、ゆううつ、スランプ、②（経済的な）不景気、不況、不振、③くぼみ、くぼ地、低地、④（気象上の）低気圧、⑤押し下げること、降下、低下、沈下、⑥（測量上の）水平俯角などがある。以下、ここでは①の意味の心理的なゆううつに関して説明する。depression は心理学上、「正常な気分（mood）の変化から、悲しみ（sadness）・悲観（pessimism）・落胆（despondency）の極端な感じまで、つらさに関して変化に富んだ不快気分（dysphoria）のこと」を指すと定義されている（VandenBos, 2007）。ゆううつ（depression）は、このように、もともと広い意味を持つ言葉である。

　ゆううつ（depression）そのものは誰でも経験するが、この気分が長く続くと、抑うつ状態（depressive state）と言われる状態像になる。どこまでが抑うつ状態で、どこからがうつ病になるのかという学問上の議論は別として、現在では、操作的診断（operational diagnosis）を用いることが多くなっており、その代表的診断基準の1つが DSM-5（2013）である。

　DSM-5 では、うつ病（major depressive disorder）に関して症状の有無を中心とした基準が用いられている。まず、「以下の症状のうち5つ（またはそれ以上）が同じ2週間の間に存在し、病前の機能からの変化を起こしている。これらの症状のうち少なくとも1つは①抑うつ気分、または②興味または喜びの喪失である」という前提があり、次の9つの症状が挙げられている。①抑うつ気分（子どもや青年では易怒的な気分の場合もある）、②興味または喜びの著しい減退、③体重減少か体重増加、もしくは食欲の減退または増加、

④不眠または過眠、⑤精神運動焦燥または制止、⑥疲労感または気力の減退、⑦無価値観または罪責感、⑧思考力や集中力の減退または決断困難、⑨死についての反復思考（反復的な自殺念慮・自殺企図・自殺するための明確な計画）である。

　うつ病とは、気持ちが沈んでいるだけでなく、体調が悪いことがポイントである。実際、医療機関を訪れる者の全部が「ゆううつです」と訴えて受診するのではない。むしろ「眠れない」という体調不良を訴えて受診することが多い。一口に不眠と言っても、入眠障害、熟眠障害（浅眠と中途覚醒）、早朝覚醒など内訳はさまざまである。メンタルヘルスの専門家に相談する際には、気分だけでなく体調もありのままに伝えるのがよい。受診や相談を躊躇している者に、それらを勧める際も、「ゆううつな気持ちを相談してみては？」ではなく、「このままだと体調がより悪くなるのを防ぐこと」を相談目的として促す方が、実際の相談に足が向きやすい。

B　双極性障害とは

　ゆううつ→抑うつ状態→うつ病という流れを理解したところで、同じ人にうつ病と躁病（mania／マニア）が周期的に起こることがあり、これは古くから躁うつ病（manic-depressive psychosis／Manic-Depressive Illness の略で MDI と略称されることも多い）と呼ばれ、統合失調症（**本章第5節**）と並んでメンタルヘルス領域では知っておくべきものである。

　日常でも、ある物事に熱中していることを、たとえばプロレスマニアとかカーマニアと呼ぶが、そのマニアのルーツとなっている言葉がmania（躁病）であり、原義は精神の興奮を意味している。つまり、mania は熱狂や異常な熱中という意味であり、ギリシアのヒポクラテスの時代から記載があるという（大熊，2013）。

　日本語の「躁」も、さわがしく落ち着かない気分を意味し、それが続くと躁状態（manic state）となり、さらに操作的診断で、躁病となる。現在、DSM-5 では、躁病エピソード（manic episode）に関しては主として次のような基準が用いられており、基準を満たすと双極Ⅰ型障害（bipolar I disorder）と分類される。まず、躁病エピソードとして「気分が異常かつ持続的に高揚し、開放的または易怒的となる。加えて、異常にかつ持続的に亢進した

目標指向性の活動または活力がある。このような普段とは異なる期間が、少なくとも１週間、ほぼ毎日、１日の大半において持続する（入院治療が必要な場合はいかなる期間でもよい）」という定義がある。加えて、「気分が障害され、活動または活力が亢進した期間中、以下の症状のうち３つ（またはそれ以上）（気分が易怒性のみの場合は４つ）が有意の差をもつほどに示され、普段の行動とは明らかに異なった変化を象徴している」という前提で、次の７つの症状が挙げられている。①自尊心の肥大または誇大、②睡眠欲求の減少、③普段より多弁であるか、しゃべり続けようとする切迫感、④観念奔逸、⑤注意散漫、⑥目標指向性の活動（社会的、職場または学校内、性的のいずれか）の増加または精神運動焦燥（無意味な非目標指向性の活動）、⑦困った結果につながる可能性が高い活動に熱中すること（例：制御のきかない買いあさり、性的無分別、またはばかげた事業への投資などに専念すること）である。

　躁病エピソードではなく軽躁病エピソードの基準も別にあり、これを満たすと双極Ⅱ型障害（bipolarⅡdisorder）と分類される。双極性障害（bipolar disorder）とは、双極Ⅰ型とⅡ型を含む概念で、従来、躁うつ病（MDI）と呼ばれてきたもののことである。

C　気分障害の概念とその対応

　双極性障害やうつ病などを含めて気分障害（mood disorder）と呼ぶことがある。そもそも「障害」（disorder）とは「理由・原因を問わず、何らかの機能が障害された状態のこと」（松下, 2011）であり、病因・病態・病理・症状・検査所見・経過・予後などによって１つのまとまった単一の病気として見なされる状態を「疾患」（disease）と呼ぶのに対して、たとえばうつ病などでは、身体疾患のような単一の病気を示す病因などを見出すことができないために、疾患よりは障害（disorder）という名称が好んで用いられてきたという歴史がある（しかし、DSM-5の邦訳〔高橋他訳 2014〕では、「mental disorder」という原語が「精神障害」ではなく「精神疾患」と訳され、「障害」〔disorder〕の多くが「症」と訳されているので、概念の異同に注意を要する）。

　いずれにしても、理由や原因を問わないのであるから、さまざまなものが「mood disorder」に入る。人間関係からくる軽いストレスだと思っていたが長引く不調の場合もあるし、逆に、そんなに強いストレスを自覚して

いなくても、本人が意識化できないストレスによる不調が足を引っ張っている場合もある。いずれにしても、専門家によるアセスメントが必要である。

　双極性障害もうつ病も治療の基本は現実には薬物療法であり、主に精神科医によって向精神薬が処方される。しかし、服薬していればすべてが解決するという訳ではない。たとえば、職場の環境が強く影響している場合、職場の環境調整が同時に必要であろう。理由や原因が何であれ、体調がひどく悪い場合は入院や休息が必要であろう。経済的な問題が原因の1つであれば、経済的な問題を解決するために法律の専門家などの助力が必要であろう。そして、うつ病や抑うつ状態に対する心理療法は認知行動療法（cognitive behavioral therapy／CBTと略すことが多い）（**第17章**）が有名であるが、CBTに限らず、抑うつ状態を長引かせている背景要因（家族関係を含む）や誘因（進路の問題等々）を心理的に整理し、軽減するために、心理カウンセリングや心理療法が有効な場合も多い。精神科受診や心理カウンセリング・心理療法を受けることに対して、心理的な抵抗があることがまだ多いが、専門家による治療や心理支援は、双極性障害においてもうつ病においても必要である。

　たとえば、持続性抑うつ障害（persistent depressive disorder）／別名で気分変調症（dysthymia）では、長きにわたって抑うつが続くが、長いがために自分でもそれが性格のせいであると決めつけてしまい、治療や心理支援を受けることを発想しなくなってしまう場合もある。また、うつ病であろうと抑うつ状態であろうと、希死念慮や自殺念慮（**第9章**）がある場合、それを放置していてはいけない。「死ぬという人ほど死なないものだ」という一般に流布されている考え方は科学的には間違っている。

　最後に、一言でうつ病と言っても、人によって状態像がかなり違う。個人差が大きいので、身近にうつ病者を知っていたとしても、それだけを典型像と考えない方がよい。

引用文献

American Psychiatric Association（2013）. *Diagnostic and Statistical Manual of Mental Disorders*（5th ed.,）. American Psychiatric Pub.

（American Psychiatric Association　高橋三郎他（監訳）（2014）．DSM-5 精神疾患の診断・統計マニュアル　医学書院）

松下正明（2011）．精神障害／精神疾患　加藤敏他編　現代精神医学事典　弘文堂　p. 589.

大熊輝雄（2013）．現代臨床精神医学　第 12 版　金原出版　p. 370.

VandenBos, G. R.（2007）. *APA Dictionary of Psychology.* American Psychological Association, p. 269.

5　統合失調症

A　統合失調症とは

　統合失調症（英：schizophrenia／独：Schizophrenie）は、10 代後半から 20 代の思春期・青年期に発症することが多く、「自分はスパイに狙われている」のように非現実的で訂正できない考えが浮かぶ妄想（delusion）、実際には存在しない声が聞こえたりする幻聴を代表とする幻覚（hallucination）、感情表出の乏しさ、意欲の低下などを主な症状とする精神障害（mental disorder）の 1 つである。19 世紀にドイツのクレペリン（Kraepelin, E.）が概念の基礎を築き、スイスのブロイラー（Bleuler, E.）がその特徴をまとめた。日本においては長く「精神分裂病」と訳されていたが、その日本語名から精神や人格が荒廃するといった偏見が生じやすく、2002（平成 14）年に現在の名称である「統合失調症」に変更されたが、原語に変更はない。

　妄想や幻覚などの症状が生じると聞くと、非常に稀で恐ろしい病気のように誤解されるが、その有病率はおよそ 100 人に 1 人と比較的高い。近年では薬物療法や生活療法の進展により、重症化する前に治療が奏功するケースも増えている。発症しやすい年代が思春期・青年期であるため、普段、接している教員や保護者の理解と協力は彼らの大きな助けとなる。

B　統合失調症の原因

　統合失調症の原因については、未だ解明されているとは言えないが、もともと病気に対する脆弱さを持つ人が、心理社会的なストレスで心身に負

荷がかかることで症状が現れるという脆弱性 – ストレスモデル（vulnerability-stress model）が一般的に考えられている。

　脆弱さについては、たとえばもともと持っている身体的な構造、問題への対処力や人づき合いの傾向などが挙げられる。また、個人のストレスの感じやすさも大きく関係している。学業、家族や友人関係などストレス因子はさまざまだが、その感じやすさには個人差があり、同じ事柄でもひどく落ち込んでしまう人もいれば、気楽に考えられる人もいる。本人にとって、対処できないほどの大きなストレスがかかったときに症状が発現しやすい。

C　統合失調症の特徴

　統合失調症の特徴については、妄想や幻覚が中核的な症状である。妄想は、非現実的で奇妙な考えが浮かび、本人もおかしさを感じているがなかなか訂正できない症状である。幻覚は、実在していないものを知覚する症状で、実在していない音や声を聞く幻聴、実在していないものを見る幻視、実在しない体感（例：頭の中を虫が這っている）を感じる体感幻覚などがある。このような精神活動が過度に活発になった状態を「陽性症状（positive symptom）」と呼ぶ。一方で、生き生きとした感情の消失、意欲や思考力の低下などのエネルギーが減退した状態を「陰性症状（negative symptom）」と呼ぶ。同じ統合失調症と一口に言っても、人によって症状のあり方がかなり違っているため、子どもたちの変化に気づけるよう、こうした知識を備えておくことが大切である。

D　治療と回復

　回復の過程については、一般的には、陽性症状の目立つ急性期に始まり、少しずつ落ち着いてくると、活気がなくだるさや眠気などが出やすい休息期に入る。その後、徐々に思考や感情が働きやすくなり活動量も上がる回復期にいたる。統合失調症の治療は、薬物療法と支持的な心理カウンセリングを中心として、生活そのものを支援してゆく。

　治療に用いられる薬には、興奮した神経を鎮める作用を持つ「抗精神病薬」などがあるが、眠気、ふるえ、口の渇きなど多彩な副作用があるため、

教員として生徒の内服薬を知っておくことも学校生活で意味がある。

　心理カウンセリングは、患者と対話することによって心理的な安定をもたらし成長を促す治療法である。統合失調症の患者は、ぽつりぽつりとしか表現することができなかったり、話題がいろいろなところへ移り変わり話の筋がわからなくなってしまったりするため、内省を深めるよりも、こころに寄り添い生活そのものを支えるような支持的な心理カウンセリングのほうが望ましい。

　学校現場においても、臨床心理学的な態度をもとに子どもの考えや気持ちを丁寧に聴き、共有することが大切である。また、陰性症状による元気のなさ、学業への意欲低下、登校しぶりなどが初期の症状として現れることがある。一対一で話す時間が作れなくとも、日頃の学校生活の中でさり気ない声かけをする、相談しやすい雰囲気を作るなど、教員として子どもを支える機会は多くある。

E　統合失調症が疑われる子どもへの接し方

　担当している子どもが発症しているかもしれないと観察できた場合、子どもの孤独感や周囲への不信感を増長させないよう注意しつつも、「毎日、よく眠れなくて辛いよね」「先生にはその声は聞こえないけれど、君がとても苦しいことは伝わったよ」といったように支持的に接する。妄想や幻覚などの非現実的な内容に対して安易に肯定しないことも大切である。

　このような場合、医療の受診や休養がすぐに必要か否か、保護者や担任教員だけでは判断しかねるため、他の教員にも様子を観察してもらいながら、まずは養護教諭やスクールカウンセラーに相談するのがよいだろう。子どもの現在の状態、これまでとの様子の違い、気になる訴えなどに関する情報を養護教諭やスクールカウンセラーと共有しながら、授業や部活時に行動観察を行ったり簡単な面接などを行うと、状態像を把握しやすい。もしも医療の受診や休養が必要と思われ、本人に不調の自覚がある場合には、それを支援や治療開始のきっかけにできるとよい。一方、自覚がなく受診や休養を拒む場合には、こころよりも"体調が悪い"ことを優しく指摘して、みんなが心配していることを素直に伝えられるとよい。保護者の不安な気持ちも汲みながら、学校現場として子どものためにできるベスト

を尽くす。

　また、休養や回復の最中には、エネルギーが低下し、普通なら楽にできる日常動作もとても負担に感じられる。周囲から見ると怠けているように感じられるが、エネルギーを蓄えている状態なので温かく見守る姿勢が必要である。余裕あるペースで学校生活を送れるよう配慮が必要なため、担任教員１人で抱え込まず、学校全体で応援する姿勢が大切である。

▌トピック▐ 「自分がどう生きるかが大事」──39歳のいま

　中学２年生男子Ａがいた。教室で自分の席に座っていた。後ろを振り向いたところ、同級生の女子が下敷きをうちわ代わりにして自分の顔を煽いでいた。誰でもやることだったが、Ａは自分が臭いから彼女が煽いでいるのだと受けとった。数分後、「臭いよ」という別の同級生の声が聞こえた。「くっせーな！」という何人かの同級生の声が聞こえだした（幻聴のはじまり）。その声は続き、自分が臭くて恥ずかしいと思い込みながらも登校を続けていたが、意欲が低下し、不眠が出現した。

　高校進学は望まなかったが合格した。高校生になってから皮膚科を受診し、臭いのモトと信ずる脇の皮膚を切り取ってもらった。しかし、事態は改善しなかった。手術の後でも「あいつ、臭いよ」などの声が聞こえたのである。皮膚を切り取っても声が止まないという絶望的な状況のなか、精神科クリニックを受診し、薬を服用するようになったが、ある日、学校で次のようなことが起きた。

　　　いつものように壁伝いに廊下を歩いていると、突如として廊下が大き
　　　く波打ち、ぼくを呑み込まんと迫ってきた。「うわああっっっっ！」

　Ａが16歳のときの体験である。

　彼は後にお笑い芸人となり、自分の体験を踏まえて以下のように書いている（39歳時）。

　　　社会の偏見は根深く、なかなかなくならない。

だけど、ぼくは、偏見がなくなることを期待するより、
自分がどう生きるかが大事だと考えているんだ。

引用文献

ハウス加賀屋・松本キック (2013). 統合失調症がやってきた　イースト・プレス

考えてみよう

(1) アディクションの具体例をいくつか挙げてみよう。

(2) パーソナリティ障害の類型にはどのようなものがあるだろうか。

(3) 不安症、うつ病、双極性障害、統合失調症の違いは何かを考えてみよう。

第Ⅲ部

教育相談の実際

本章のポイント

　子どもの発達において遅い早い、得意不得意があるのは当然である。その発達のでこぼこが、本人の努力では補えないくらい大きく、環境調整や教育的配慮を必要とするとき、発達障害の可能性を考える。発達障害の概念は変遷しているが、本章では、自閉スペクトラム症、学習障害、ADHDを指すものとする。そして、各状態像が教育場面や対人関係でどのような困難を持つのかを取り上げ、配慮の注意点を考えていく。発達障害では、二次的障害と言われる自己肯定感の低下、周囲の人への反発や攻撃も生じてきやすい。そのため、二次的障害の発現を抑え、社会的スキルを発達させることができる、子どもの特性に適合した教育的関わりは重要である。

1　発達障害とは

　子どもの発達には個人間で差があり、1人の子どもの中でも領域においての発達水準のでこぼこがあるのが当然である。だが、本人がでこぼこを自分の力だけでは補えず、困りごとが生じるくらい、発達がとてもゆっくりだったり、ある機能が定型発達の子どもと比べて年齢が低い状態のままに留まったりするとき、発達に何らかの障害が生じていると考える。たとえば、幼い子どもが何もしないで椅子におとなしく座っていられる時間は極端に短いが、小学校高学年になれば試験の問題配布の時間を静かに待つことができるようになる。発達障害の子どもたちは日常生活で年齢相当の能力を求められたとき、本人の努力を越えて実行が難しい。そのため、本人の得意面を伸ばし、苦手面のマイナス影響を少なくするための、環境設定や教育的配慮を必要とする。集団活動や課題に取り組むことが増える小学校入学前後から、困難が明らかになってくるが、小さい頃からその特徴が存在している。

　発達障害（developmental disorder）に関する用語は、年代や領域により異なっている。そのため、本文では、2005年に施行された、「発達障害者支援法」（厚生労働省）においての定義である「自閉症、アスペルガー症候群その他の広汎性発達障害、学習障害、注意欠陥多動性障害その他これに類する脳機能の障害であってその症状が通常低年齢において発現するもの」に従い、まずは用語について説明する。①自閉症（autistic disorder）、アスペルガー症候群（Asperger's disorder）、その他の広汎性発達障害（pervasive developmental disorder）、高機能自閉症などに分けられていた用語は、DSM-5では自閉スペクトラム症／自閉症スペクトラム障害（autism spectrum disorder）として統合された。定型発達との連続性を持った状態であるという視点がこの用語には含まれている。自閉スペクトラム症とは、「臨機応変な対人関係が苦手で、自分の関心、やり方、ペースの維持を最優先させたいという本能的志向が強い」（本田, 2013, p.13）特徴を持つため、種々の困難を抱える一群を言う。この他にも、知的障害を伴わない子どもに対して軽度発達障害という用語が使用されたが、軽度とすると困難さの軽さに誤解されるた

め、原則使用しない旨の通達が2007年文部科学省から出されている。大ざっぱな区分ではあるが用語の示している内容は、図5-1のように考えられる。

特徴が強い ─────── 特徴がある・知的遅れはない ─────── 特徴が弱い

　　自閉症　　　　　　　　高機能自閉症　　　　　　　　　定型発達

アスペルガー症候群

広汎性発達障害≒自閉スペクトラム症／自閉症スペクトラム障害

図5-1　用語を示す内容

　②学習障害は教育分野ではLearning Disabilities、医療分野では診断名としてLearning Disorderを原語としているが、どちらとも略語はLDと表記される。限局性学習症、限局性学習障害（DSM-5：specific learning disorder）とも訳される。知的全般の能力は正常域で、ある特定の学習能力においてのみ困難さを示す場合を言う。

　③注意欠陥・多動性障害（Attention-Deficit/Hyperactivity Disorder）は、DSM-5では注意欠如・多動症、注意欠如・多動性障害と訳され、ADHDと略される。年齢に比べて著しい不注意もしくは多動性・衝動性の、片方もしくは両方が見られる状態を指す。

　本文では、①自閉スペクトラム症、②学習障害、③ADHDと表記していくこととする。

2　二次的障害

　たとえば読み書きに困難さのある学習障害の場合、本人が他の子どもたちの何倍もの時間と努力をして読み書きができるようになると、できているので、本人の困り感が周囲から見えづらくなる。また、本人も「わかりません」と言うのは幼な心にも恥ずかしさがあるので、なんとか補おうと、

聞いた言葉を暗記して対処したりなどするため、障害があることに気づかれづらい場合がある。しかし、学年が上がるにつれて、本人の必死の努力だけでは補いきれなくなっていく。そして、自分がどれだけ努力してもうまくいかない課題を、周囲の子どもたちが苦労せずにこなしていくのを見ると、自分は頭が悪いのだと痛感させられる。さらに周囲からの「努力不足」「やる気のなさ」という意味づけ、グループ学習で1人だけ作業が遅いので「作業の足を引っ張る子」、「簡単なことさえできない子」という評価が重なると、本人は非常に高いストレス下に置かれることとなる。自閉スペクトラム症の場合には「わがまま」「勝手」「自己中心的」なだけの子どもと、ADHDの場合には、「わがままで勝手」「しつけがなっていない」だけの子どもと思われてしまうことが少なくない。今の状態は、わがままでも、やる気のなさのせいでもないが、子どもにとっては生まれつきであるため、他の子どもと比べて自分にどのような特異な状態が生じているのかを説明することができない。そのため本人の自信はなくなり、さまざまな身体の不調やこころの不調、行動としては落ち着かなさやパニック、周囲の人たちへの反発や攻撃という形になって表現されてしまう。これが二次的障害である。本来の障害への対応が適切になされないときに、本人への過剰な負担、周囲との軋轢から、本来抱えていた障害のうえにさらに、問題が生じることになる。二次的障害が生じると、対人不信や「どうせ自分は駄目だから」という気力の低下のため、その子どもに必要な本来の障害のための援助を受け取ることが難しくなってしまう。二次的障害の予防は大切であり、そのためにも、子どもの学習のつまずきと対人関係のつまずきは、どのような特徴から生じているのか見当をつけ、その子どもに合わせた関わり方を工夫することが重要なのである。

3 自閉スペクトラム症

A 自閉スペクトラム症とは

「自閉症 (autism)」という言葉は、Self を意味しているギリシャ語の Autos

からきており、自分の考えが絶対であり、他者の視点を感じ取ることが非常に難しいことからこの言葉が選ばれている（Baron-Cohen, 2008 水野他訳 2011）。自閉スペクトラム症である子どもの中には、他者に積極的に関わっていく子どももおり、「自閉」は他者との関係を持ちたくないという意味ではないことに注意したい。

　自閉スペクトラム症（DSM-5）は、奇妙な非言語的コミュニケーション、関心や態度の奇抜さ、儀式的・常同的・限定的な行動、強い知覚過敏と融通のきかない嗜好、対人関係の親密さ・相互性・喜びの欠如、対人関係上の著しいぎこちなさや孤立という問題の程度が、さまざまな一群を指す（Frances, 2013 大野他訳 2014）。この概念は状態に幅があるため、本章では、通常学級に在籍する水準の子どもについて説明する。自閉スペクトラム症の特徴として、①対人関係や社会性の困難、コミュニケーションのために言葉を使用する際の困難、②こだわりからくる困難の2つが挙げられる。

[1] 対人関係や社会性の困難、コミュニケーションのために言葉を使用する際の困難

　自閉スペクトラム症の子どもの幼い頃の特徴として、定型発達の子どもには1歳前後に認められる共同注意の遅れが見られる。共同注意とは、注意を共有しようとする関わりである。たとえば親が子どもの前で指さしをすると、指自体を見ないで指のさしている目標物に注意を向けることができ、指さし目標があっているかを確認するかのように親を見たりする。また、子どもも自分の関心物を知らせるかのように指さしを行う。注意を共有するためには、他者の意図に気づくことが必要である。共同注意の遅れとともに、社会的参照の遅れも見られる。社会的参照とは、子どもが親の表情で自分の行動を続けるか止めるかを決める関わりのことで、子どもが親の表情を見たときに、親が心配そうな表情をしていると子どもは行動を止めて親のところに戻り、穏やかな表情をしていると子どもは行動を続けるというものである。このような、非言語的交流が遅れて出現することが多く、頻度も少ない。言葉は遅れがないこともあるが、発語が「ママ」や「まんま」のような他者に向けての何らかの意図を伝える言葉ではなかったりする。このように、「自分の体験と人の体験とが重なり合うという前提が

成り立たない」(杉山, 2007, p.73) という特徴を持っているため、思考や気持ちの推測を行うことが、他の子どもたちに比べて遅く、なおかつ直感的に感情を把握することが難しくなる。自閉スペクトラム症であるかは、現在の行動の様子と WISC などの個別の知能検査だけでなく、成育歴からの検討が必要である。幼い頃の親への愛着の薄さ、人見知りのないこと、掌を自分に向けてのバイバイの身振り、などにも気をつけたい。

　他者の感情の動きをうまく捕まえられないという弱点があるため、対人関係や集団の活動において、本人の年齢から、できるだろうと期待される適切な関わりや集団参加の仕方を身につけることができない。この状態は、心の理論 (theory of mind) の発達の遅れより生じているのではないかという考えがある。心の理論とは、他の人の立場や視点に立って、その人ならどう考えるのか、どう感じるのかを推測する能力のことである。

　心の理論の誤信念課題 (図5-2) に関して、定型発達の子どもの場合、4歳になるとサリーの気持ちになって答えることができる。しかし、自閉スペクトラム症の4歳の子どもには難しい。このことより、他者の視点に立つことの困難さが窺える。また、定型発達の4歳児が嘘であることを真実であるかのように信じさせようとする「だまし」を苦労なく理解できるのに比べ、自閉スペクトラム症の子どもは、考えていることと発言することが同じなので (本音と建前に分かれない)、他の人たちは違っていることを知ったときにショックを受ける (Baron-Cohen, 2008 水野他訳 2011)。生得的に他者視点を持ちにくいため、他者のこころの動きや行動の理由を1つひとつ、考えさせて理解させていく関わりが、他者との交流で本人が必要な知識を蓄積していく作業になる。自然な共感の難しさを学習により補うことで、他者の思考や気持ちの推測が可能になっていくのである。また、具体的言語で明確に示されたルールではない、暗黙の了解やなんとなくみんなが共通理解としていることを捕まえる力の弱さがあるため、「空気を読む」ことは最も苦手とすることである。ただしそれは、したくはないという意味ではなく、非言語的交流が理解しづらいため、状況把握ができづらいということである。慣例になっている社会的な行動のやり方となぜ必要なのかの意味を解説してあげることが、本人の社会参加を行いやすくする。

　また、コミュニケーションを媒介する言葉は、1つの言葉に1つの明確

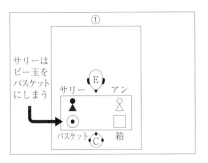
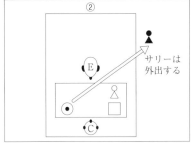
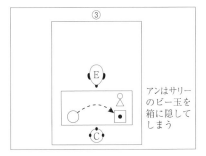
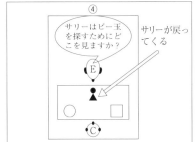

図 5-2　サリーとアンの心の理論の誤信念課題（E：実験者　C：子ども）（Baron-Cohen, 2008 水野他訳 2011, p. 87）

　な意味づけをして、文章の意味を言葉通りに辞書的に受け取りやすいため、冗談、皮肉、からかい、比喩表現という字義通りではない用法の意味がわからない。たとえば、「あの子はよく頑張っている」の言葉の意味は褒めているが、その子のできないところについて話した後に言われたときには皮肉や見下した意図が含まれる。このように、前後の文脈によって言葉は逆の意味を表現するような曖昧さを持っている。このような言葉の多面的な情報理解が苦手なため、単語の知識や言語能力と比較して、社会的な文脈の中での言語表現が難しく、状況に合わない不適切な言動を頻繁にしてしまうことがある。たとえば、事実としては正しいが相手によっては言ってはいけない言葉である「太っている」を、客観的な事実として相手に繰り返し言ってしまうことがある。このようなときに、他の人がどのような気持ちになるのか、場面の書いてある絵を見て考え、謝るときにはどのような言い方をしたら良いのか、まずは言葉を書き出してから言う練習をする

など、人との交流の言葉も学んでいく必要がある。

　話し言葉で何かを伝える際には、曖昧な言い方ではなく、できるだけ明瞭で具体的に話す。たとえば「ちょっと待って」ではなく「5分待って」の方が理解しやすい。耳で聞くよりも目で見た情報の方が理解しやすい場合があるので、図示しながら伝える方法も有効である。

[2] こだわりからくる困難

　こだわりとは、特別に関心があることに没頭したり、1つのことに固執したりすることを言う。これは先の見通しを立てたり、予測したりする想像力が弱いためであり、状況変化や未知なものに強い不安を喚起されることへの対処にもなっている。子どもによっては、予定の変更や突然のできごとでパニックを起こす場合さえある（山登, 2011）。そのくらい、変化は混乱を生じさせるのである。たとえば小学校高学年で、通学路が工事のために通れなかったので、その場でずっと待っていて、大幅に遅刻して登校したりする。迂回路を知らないわけではなく、いつもの道が「通れなかったので、通れるようになるまで待っていた」だけである。

　杉山（2007）は自閉スペクトラム症の認知の特徴として、①情報の中の雑音除去のできなさ、②一般化や概念化の難しさ、③対象との間に心理的距離が持てない、があるのではと考えている。このような特徴を持っていると、意識的に注意の焦点づけを行わないと、情報過多になり混乱が生じる。しかし、混乱を回避するためには注意を絞り込み周辺の情報を無視するしかない。たとえるならば、虫眼鏡を通して狭い視野で周囲を見ている人を想定してほしい。こうした認知の仕方では一般化が難しいため、1つの場面で覚えた対応を他の場面で適用しづらく、心理的距離の近さから他人も自分と同じ考えだと思っていることがある。

　このように、自閉スペクトラム症の子どもは変化が苦手で、いつもと同じ一定の順序で生活が進んでいくことで安心できるため、学校の行事やそれに伴う時間割の変更は、事前に伝えておく必要がある。そして本人が自分のスケジュールをできるだけ明確に理解するためには、その日1日のスケジュールが見てわかるようにカードなどで表示されていると動きやすくなる。こだわりの1つとして、自分が1番であることがなによりも重要と

いう考えを持つことがよく見られる。彼らにとって結果が明確に出るもの
は、はっきりとしていてわかりやすく、なおかつ1番は特別に良いことで
ある。そのため、ずるをしても勝とうとしたり、自分が一番上の立場でな
いと不機嫌になったりすることがある。こだわりの対象は変化するが、こ
だわりに使われるエネルギー量は変わらない。そのため、こだわりへは、
「趣味や日常の生活習慣の中のこだわりを増やし、結果として異常なこだ
わりを減らす」（本田, 2013, p.50）という姿勢で関わっていく。趣味へのこ
だわり、パターンとしての社会的関わり方や一般的なルールへのこだわり、
日常生活に必要な生活習慣をきちんと守ろうとするこだわりという、適応
的な形にこだわりを向けていくように援助する。

　この他に、生活上の困難を生じさせる特徴として、知覚過敏がある。子
どもにより違いがあるが、ある特定の感覚に対して、一般的な感覚の何倍
もの強さで感じているものがある。たとえば、聴覚が敏感な場合、教室の
ざわめきは交通量の多い道路脇のうるささのように大きく感じられている
ことがあり、騒音にじゃまされて落ち着いて学習に向かいづらい。触覚が
敏感な子どもは、友人から肩を叩かれたり身体に触れられたりすることで、
大きな不快を呼び起こされる。他の子どもよりも、刺激の強い中で我慢し
ているので、疲れやすい、注意集中が続きにくいと考え、本人が「いや」
が言えるように励ますとともに、できるだけ環境設定に配慮する。

B　援助

　山登（2011）は、おそらく自閉スペクトラム症の子どもたちも、他の子ど
もより時期が遅く、言葉にはうまくできないかもしれないが、「みんなの仲
間に入りたい」「みんなと仲良くやりたい」というすべての子どもたちに共
通する気持ちを持っているであろうと述べている。1人で好きに過ごす時
間を必要とはするが、他の子どもたちと関わりたくないと思っているわけ
ではない。みんなの仲間に入りたいという気持ちをかなえるために保護者
や教員が行うことは、子どもに対して、「そのハンディゆえに『仲間に入る』
方法を知らないし、『仲良くやる』ことがどういうことなのかわからない」
ので、「できてしかるべきことができない」部分を丁寧に指導することであ
る。また、仲間から嫌われずに仲良くするために、自閉スペクトラム症の

子どもが「しそうもないことをする」部分に対して、根気よくしつけを続けることである（山登, 2011）。そのために、見本を示し、周囲の人の行動をよく見る機会を持たせ、その行動の意味を説明し、実際に行動の練習をしてと、1つひとつの場面に適切な行動を習い身につけていく。ただ、ここで気をつけなくてはいけないのが般化のしづらさである。机上の学習と実際に実行することとはギャップがあるため、身につけてほしい行動をできるだけ実際場面でも行いたい。たとえば、授業で教科書の問題文をノートに写すなどのやってほしい行動を具体的に伝え、少しでもその行動を行ったら即座に褒める。授業中に大きな声で好きな話題を話すことには、その行動自体には反応せずに、教科書読みを当てて読んでもらうなどの適切な行動を伝え、行ったら褒め、指示に従うと良い結果が生じることを体験させていく。井上（2014）は、実際に経験する体験学習の必要性を強調している。子ども同士の関わりの中で起きたトラブルを本人が解決しようと試みる援助を行うことで社会性の学びを、作業を準備の段階から終わりまで行い身につけさせることで見通す力を育てていくことができると述べている。また、適切な自己主張と、見て納得したうえでの参加という、社会活動へ能動的に関わる力を育てていく方法の1つとして、集団活動を見学するという選択肢を提言している。

　本田（2013）は、自閉スペクトラム症の特徴を持つが適応問題を生じていない成人たちに「いつ頃から自分の周囲のことに目を向けられるようになったのか」と尋ねると、一致して「中学生頃」の答えが返ってきたと述べている。残念ながら、集団行動や他の子どもに合わせることが苦手な自閉スペクトラム症の子どもがいじめにあうことは多い。対人関係の意味づけを学習により補おうとするので、いじめにあうと対人関係に被害的な意味づけを読みやすくなってしまう。そのため、小学生の間はいじめからの保護が重要になる。そして、本人たちが能動的に周囲のことに関心を向け始める中学生になってから、本来の社会性の発達が始まり、社会的な役割行動を演じることができるようになっていく。

　自閉スペクトラム症に対する薬物療法は、興奮しやすさ、パニック、嫌な体験を突然思い出すフラッシュバック、睡眠の異常などの抑制のために用いられる（杉山, 2007）。薬は自閉スペクトラム症の生活の困難をやわらげ

るために有効であるが、同時に刺激への過敏さを考慮して、刺激過多にならない生活を過ごせるように、環境調整をすることも大切である。

4　学習障害

　子どもの示す興味関心の豊かさや友人関係での様子から推測される子どもの知的能力と比べて、本がなかなか読めない、字を書くことに非常に時間がかかり苦労している、黒板の文字を写させたら○の羅列を書いたなどの独特な間違いをした、ある特定の課題になると指示が入りづらくなるなどが見られる場合、ある特定の学習に関する機能に困難さを持っていることが想定される。文部科学省 (1999) は学習障害を、「学習障害とは、基本的には全般的な知的発達に遅れはないが、聞く、話す、読む、書く、計算する又は推論する能力の習得と使用に著しい困難を示す様々な状態を指すものである。学習障害は、その原因として、中枢神経系に何らかの機能障害があると推定されるが、視覚障害、聴覚障害、知的障害、情緒障害などの障害や、環境的な要因が直接の原因となるものではない」と定義している。この定義の中の推論する能力とは、算数学習の際に基礎的に必要になる、図形や数量の理解・処理のことを言う。絵を上手に描く子どもが字を読むことが難しい、ひらがな・カタカナを小学校前に覚えてしまうような子どもが漢字の形が覚えられないというように、ある特定の能力に関しての障害である。そのため、周囲が努力不足や怠けと考えてしまうことが多いうえに、本人が努力を重ねても学習の進捗が遅いため、自信をなくしてしまうことも生じる。

　学習障害は、医学的な概念では、限局性学習症／限局性学習障害（DSM-5）という名称で、読み・書き・算数についてとなっているが、本章では幅広い教育用語としての概念に従う。学習に関連した困難は具体的には次のように現れる（独立行政法人国立特別支援教育総合研究所, 2013）。

①聞くことの困難：聞くべき声に集中しづらい、意味のある音として捉えにくい、聞いた内容を覚えられないなどのため、指示を聞くこと、説明

を理解することが難しい。

②話すことの困難：言葉を思い浮かべづらい、言葉の音を想起しづらい、単語は理解しているが文を作ることが難しいなどのため、聞いて理解はできるが、考えや思いを伝えることに困難さが生じる。

③読むことの困難：文字の形を把握すること、文字を音に変換すること、読んでいる文字の位置を追っていくことなどが困難なため、文字や文章を読むこと、読んで文章の内容を理解することが難しくなる。

④書くことの困難：人と話すことや話の内容を理解することはできるが、読み書きが難しい、または読めるが書くことが難しい場合がある。文字の形の把握、形の記憶、手と目の協応動作の困難さが関係している。

⑤計算することの困難：数概念の未熟さ、記憶力の弱さ、空間の位置把握が難しいので計算するときに桁がずれてしまう、論理的に考えることが苦手などのため、九九が覚えられない、計算間違えを起こしやすい。

⑥推論することの困難：形を正確に把握したり、形を頭の中で操作することが難しいため、図形を書いたり理解することに困難が生じる。また、時間や空間の把握が苦手なため、左右・上下の位置関係の理解が難しい。

図5-3　きょういく・教育の文字の見え方例

　読み書きの学習障害を持つ高校生が勉強について、「読み書きはつらいけど、勉強が嫌いなわけじゃない。この矛盾。やってもやってもできなくてしんどい。でも、勉強はしたいんです」（品川, 2003, p.40）と述べている。援助は、障害をカバーする学習援助が関わりの中心となり、次のような工夫例がある（独立行政法人国立特別支援教育総合研究所, 2013）。

①聞くことの困難：指示を、絵で示したり字で書いたりして視覚情報とし

ても提示する。

②話すことの困難：いつ、だれが、どこで、どうしたのかを尋ねて、それに合わせて話すようにする。話したい内容に関連がありそうな言葉をいくつか提示して子どもに選ばせる。

③読むことの困難：漢字にふりがなをつける。読んでいる文章以外は覆って見えないようにする。初めての文章は非常に難しいが複数回読むことで困難度が下がるので、事前に読む箇所を決め、家で練習をしてもらう。

④書くことの困難：書く用紙をマス目の大きなものや罫線のあるものを使用する。ワークシートを活用して書く負担を減らし、内容を理解することに集中しやすくする。漢字に関しては、漢字の成り立ちなど関連した事柄を伝えて興味を持たせるとともに、形を把握しやすくする。おおよそ書けていれば準正解とする。

⑤計算することの困難：計算式の桁揃えがしやすいように、マス目のある用紙を使用する。問題数を少なくする。文章問題では読み上げて聞かせ、ポイントを図示する。

⑥推論することの困難：図形の特徴を言葉で説明したり、具体物を提示したりして操作させる。教室を移動するときには目印になる物を伝える。

　たとえば試験において、読みが難しいため通常の方法では点数がほとんど取れないが、試験問題を読み上げて伝え口頭で答えさせると高い成績をとることができるというように、周囲の関わり方により表出できる能力には差が生じる。その児童・生徒の困っている作業はどのような特徴からくるのかを学習時の様子から推測し、試験の時間延長、パソコンなどの補助道具の使用を許可するといった援助方法を、保護者とともに考えていく。たとえば読字障害があると、学校生活に苦労するだけでなく、アルバイトをするときには職種が制限されるなど就労の面でも思うようにいかない経験を多くさせられる。自信を失いがちな学習障害の児童・生徒に対して、できるところ、得意とすることをできる限り認め褒めて、自己肯定できる経験が作られるように手助けしたい。

5 ADHD

　幼い子どもは、多動でよく動き、目の前のものに関心が向くと後先考えずに触ろうとし、注意の集中時間は短い。この、多動性・衝動性・不注意は年齢とともに少しずつコントロールがきくようになり、集中時間も長くなっていく。これは周囲から与えられるさまざまな刺激の中から、自分に必要な刺激のみに焦点を当て、必要ではない刺激には関心を向けないという、抑制する力が育っていくからである。しかし、同年齢で知的能力も同程度の他の子どもたちと比べて、とりわけ多動性・衝動性・不注意が見られる場合、ADHDの可能性が考えられる。子どもは環境の刺激により過活動になったり、衝動性が高まったりする。おとなしい子どもが楽しい場では走り回ったり、いつもはがまん強い子どもが全く待てなくなり泣きわめいたりするなどは珍しいことではない。ADHDの場合、そのような状態が常に、どこでも生じ、そのことで本人が持っている能力を発揮しづらくなることに問題がある。ADHDは、学校と家庭の2か所など、複数の生活状況において、その子どもの年齢に不相応な、多動性・衝動性、不注意の片方または両方が見受けられることを言う。特に男児には多動性と衝動性が見られやすく、女児には不注意のみ認められる場合がある。不注意だけの場合、おとなしくてぼんやりしているように見えるので、本人の困難は気がつかれないこともある。年齢とともに特徴が弱まり、9歳前後から問題を生じるような多動や不注意は改善していくことが多い(杉山, 2007)。また、本人が自身の失敗しやすいパターン理解とその対処法を身につけられると、特徴は軽度に継続するが問題にはならなくなっていく。国により出現率に違いが見られるが、それは多動性に関しての文化的許容度の違いであろうと言われている。脳機能の弱さとして、①実行機能、②報酬系、③タイミング、の3つが考えられている(岡田, 2011)。実行機能とは、行動を順序立てて行う、行動を制御する機能である。報酬系は、行動をするときに最大の報酬を得るために待つ機能である。タイミングは、時間感覚の障害である。子どもによりどの機能が働きづらいかの程度差が大きく、多動性・衝動性、不注意両方の特徴を多少なりとも持っている場合が多い。

　多動性とは、落ち着きなく動き続け、じっと静かにしていようとしても、本人の意思では動きをコントロールすることが難しい。授業中に離席したり、教室から出ていってしまったり、座っていても身体のどこかをもじもじと動かし続けたりしてしまう。

　衝動性とは、行動の抑制が難しい状態を言う。乱暴さを示す言葉ではないが、友達の持っているボールをほしいと思ったときに、「貸して」の言葉の前に手が出てしまうので、乱暴な子どもと思われてしまうことがある。また、衝動性の現れとして、エレベーターのボタンや学校の非常ベルのボタンを押してしまうことがある。その行動がいけないことは後からわかるが、見て「何のボタンだろう？」と思った瞬間に押してしまっている。思ったと同時に身体が行動を起こしてしまっているのである。そのため、授業中に先生の質問を最後まで聞けずに途中で答えを言う、授業中に周囲の友達にちょっかいを出す、順番を守れないなどの行動が生じてしまう。

　不注意とは、目に入る周囲の出来事や物に注意がすぐに引っ張られてしまい、目的とすることに、長時間関心を持ち続けることが難しい状態である。そのため、教室で窓際に座ってしまうと、窓の外で鳥が飛んだり、校庭で体育をやったりしていることに注意が向いてしまい、学習に向かいづらくなってしまう。集中時間の短さが原因で、落ち着いてものをよく見られないための間違いや忘れ物の多さ、ノートが取れない、作業を中途で止めてしまい完成させることが少ないという形で不注意が出てきてしまう。ただし、好きなゲームは長時間集中できるなど、関心が強いことには集中が見られることもある。

　援助は、薬物療法と環境調整である。ADHDは薬物療法がそれなりに有効であるが、薬の効果の判定を厳密に行うことと、できるだけ期間は限定して用いることが望ましい（杉山, 2007）。そして薬物療法で「大切なことは、多動という悪い病気を薬物によって取り除こうとするのではないことを、子どもと親だけでなく、教師も理解しておくことである」（高岡, 2002, p. 115）。薬は、子どもが自分のしたい行動を行いやすくする手助けをしてくれるが、多動を消滅させるものではない。薬により目標行動を行いやすい状態を整えて、実際の生活の中で課題を1つひとつこなすことが大切である。また、睡眠不足では刺激に動かされやすくなり、注意が次々と移ってしまう状態

が著しく高まるので、睡眠を十分に取ることが良い影響を与える。

　学校における環境調整が子どもの発達に与える影響は大きい。学習に関しては、まずは、本人の意思に関係なく外的刺激に振り回されてしまうので、本人の視野には勉強に必要なもの以外は入らないように整えられると、学習が行いやすくなる。席を一番前にして、目に入る刺激を少なくするだけで本人が自分をコントロールしやすくなる。教員が集団への指示とともに個別の声かけを行う、指示は具体的に1回につき1つだけにする、立ち歩きそうになったときにはプリント配布の手伝いをしてもらい身体を動かせるようにするなどの工夫が必要となる。

　そしてADHDの場合、周囲からの叱責を受けやすく、周囲とのトラブルが生じやすいため、癇癪を起こす、周囲に暴言を吐く、反抗的な行動をするなどの二次的障害が起きやすくなってしまうのも特徴である。何かに関心が向いた瞬間に衝動的に動いてしまうが、本人には他者への共感性はあり、行動の後に自分の行動がどうしていけなかったのかを理解できる。自分の行動のせいで友達が怒っていることもわかるので悪いことをしてしまったという気持ちも持っている。だが、また前回の失敗を思い出す前に衝動的に行動してしまい、周囲から怒られるはめになる。自分についての嫌悪感や孤立感、自己評価の低さや「どうせ自分は」という荒れた気持ちを持ちやすい。そのため、関わる大人たちには、ADHDの子どもを「おだてまくる覚悟が必要」(杉山, 2007, p.140)と言われている。それは、小学校高学年になって状態が自然に落ち着くまで、二次的障害を起こさないことが肝心だからである。しかし、毎日の生活で、猪突猛進で一時もじっとしていられずに動きまわり、メモをとる習慣をつける練習をするとそのメモ帳をどこかになくしてしまったり、友達の描いている絵を見ようとして水入れを倒してしまったりと、毎日もめごとを起こす子どもの褒める点を見つけるには、能動的に良い点を見つけ出し続けようとする姿勢が求められる。1回叱責したら、1回は褒めるということをこころがけたい。また癇癪や暴言に対しては、気持ちが落ち着くまで待ってから話をするが、友達から何か言われたり皆から見られたりという周囲の刺激により興奮が高まりやすいので、落ち着くための別の場所を用意して、そこで落ち着いて話せるようになるまで過ごさせるなどの方法が求められる。

6　その他の発達に関わる障害

　DSM-5では、神経発達症群／神経発達障害群（neurodevelopmental disorders）として、早期に見いだされる、個人、社会、学業、職業での機能障害を起こす発達の障害をまとめている。前述した3つの障害（自閉スペクトラム症、学習障害、ADHD）も含まれる。これらに併存しやすいものについて触れておく。

①知的能力障害（知的発達症／知的発達障害）（intellectual disability〔intellectual developmental disorder〕）

　ある特定の学習に限らず知能検査で測られる一般的な知的機能が、IQ65〜75（70±5）の値を示し、社会適応に問題が生じているとき、軽度の知的能力障害と考えられる。感情の発達は定型発達の子どもと同じである。小学校高学年になると周囲とのギャップが大きくなっていき、自己肯定感の低下や被害感につながりやすくなる。本人の能力にあった教育を受けられることが肝要である。自閉スペクトラム症、学習障害（知的能力のばらつきのため全体値も下がるため）に伴う場合がある。

②チック症群／チック障害群（Tic disorders）

　身体の一部を動かしたり、音を出したりすることを本人には制御できない状態である。よく見られる運動チックは、まばたき、肩をすくめる、顔をゆがめるという表出であり、音声チックは、「ん、ん」のような声、咳払いである。ADHDと併存していることが多い。自閉スペクトラム症の場合は、ストレスが高まったときにチックがしばしば見られる（本田，2013）。

　脳の機能不全が、重度の虐待により子どもに生じることがわかっている。発達障害自体が育てにくさを起こすため虐待のリスク要因になることもある。発達障害様の症状を示していた虐待児が、安全な環境での愛着関係の形成とともに、発達障害の子どもに対するのと同様の教育的配慮により成長していくことが認められている。

7 保護者への支援

　保護者は、赤ん坊のときからなんとなくの育てにくさや違和感に気づいていることがあるが、対人希求の少なさからくるおとなしさを、育てやすい子どもとみなしている場合もある。慣れた家庭の中や、大人相手では目立たなかった特徴が、同年代の集団に参加するようになると明確になってくる。保護者は、他の子どもたちとの行動の違い、集団参加時における特徴的様子やトラブルのため、肩身の狭い思いをすることが多い。親の育て方の悪さ、しつけのできない親という視線を浴びることも少なくない。子どもと同様に、保護者も親としての自信を失っていることが多いのである。そのため、今までの努力や工夫を認め、頑張ってきたことと辛さに共感することが、関わりの最初である。保護者は、子どもの発達の問題に気がつき心配が大きくなる状態と、今の問題は一過性なので成長すればなくなると問題を小さく思いたい状態の、2つの間を揺れ動く。療育、教育により、個々の能力に応じて社会適応した大人への成長は可能である。しかし、保護者には将来の姿が想起しづらく、今の状態も不安感から見えづらい場合がある。そのため、保護者に障害を認めさせようとする関わりよりも、子どもが今困っていることにどう対応するかを協力していく中で、保護者の子ども理解が進み変化が生じると考える。

8 まとめ

　生まれつき定型発達とは少し異なる発達の世界にいる発達障害の子どもたちは、大きな混乱を抱えながら生活している。そして困難さの大小はあるが、定型発達の子どもも混乱の中で生き抜いているのは同じではないだろうか。児童期、思春期は心身ともに変化が大きく、周囲から求められる要求も年齢により著しく変化する。そのため、子どもが年齢相応という暗黙のルールを身につけるのは決して楽な作業ではない。発達障害の子ども

にとり過ごしやすい、勉強しやすい環境は、他の子どもたちにとっても過ごしやすく、勉強のやる気を起こさせる設定になるはずである。そうは言っても発達障害の子どもへの対応には、時間と労力がより必要となる。そのため担任教員１人で対応するのではなく、学校全体で課題を共有し、どのように役割分担を行い対応するのかを共通見解として作る必要があろう。

■トピック■ 就職について考えるのは早すぎる？

　村上（2010）は発達障害の当事者の立場から、就労に必要なスキルとして、挨拶ができること、時間・物・お金の管理ができることを挙げている。挨拶をこちらからすることで相手の人を認めているというメッセージを伝えることになるので、苦手な対人関係において肯定的関係を作る行動になる。また、時間・物・お金の管理は仕事上の最低限の信頼を得ることに関係しているとしている。特にお金は生活に直結しており、発達障害のある人が人の悪意に気がつきづらくお金を騙しとられたり、先の見通しの悪さから計画的金銭コントロールが苦手だったりすることを考えると、小さい頃からおこづかいなどで金銭管理を経験することは有益であろう。

　彼・彼女らが、日常生活に必要な行動を身につけることは、結構大変なのである。誰かと一緒に作業をして、良い結果を得た、楽しかったという経験を重ねていきたい。そのような、身近な人との毎日の生活から得られる体験が、社会生活をするための基礎を作るのである。

引用文献

Baron-Cohen, S.(2008). *Autism and Asperger Syndrome—The Facts.* Oxford University Press.
　（バロン=コーエン, S. 著　水野薫・鳥居深雪・岡田智訳（2011）．自閉症スペクトラム入門　中央法規出版）
独立行政法人国立特別支援教育総合研究所（2013）．改訂新版 LD/ADHD/高機能自閉症の子どもの指導ガイド　東洋館出版社
Frances, A.（2013）. *Essentials of Psychiatric Diagnosis : Responding to the Challenge of DSM-5.* The Guilford Press
　（フランセス, A. 著　大野裕・中川敦夫・柳沢圭子訳（2014）．DSM-5 精神疾患診断のエッセンス——DSM-5 の上手な使い方　金剛出版）

本田秀夫（2013）．自閉症スペクトラム　SBクリエイティブ

井上とも子（2014）．教育の立場から　こころの科学174　自閉症スペクトラム　日本評
　　論社　pp. 69-74.

厚生労働省（2004）．発達障害者支援法
　　https://www.mhlw.go.jp/topics/2005/04/tp0412-1b.html

文部科学省（1999）．学習障害児に対する指導について（報告）
　　https://www.mext.go.jp/a_menu/shotou/tokubetu/material/002.htm

文部科学省（2003）．今後の特別支援教育の在り方について（最終報告）
　　https://www.mext.go.jp/b_menu/shingi/chousa/shotou/018/gaiyou/030301.htm

村上由美（2010）．当事者が考える就労に本当に必要なこと　石井京子　発達障害の人
　　の就活ノート　弘文堂　pp. 60-64.

岡田俊（2011）．落ち着きがない　山登敬之・齋藤環編　入門子どもの精神疾患　こころ
　　の科学　日本評論社　pp. 46-51.

品川裕香（2003）．怠けてなんかない！　ディスクレシア──読む・書く・記憶するのが
　　困難なLDの子どもたち　岩崎書店

杉山登志郎（2007）．発達障害の子どもたち　講談社

高岡健（2002）．落ち着かない子どもたち？　河合洋・山登敬之編著　子どもの精神障害
　　日本評論社　pp. 105-116.

山登敬之（2011）．ヘンな子、変わった子　山登敬之・齋藤環編　入門子どもの精神疾患
　　こころの科学　日本評論社　pp. 22-27.

考えてみよう

　小学校のクラスで、他の子どもたちとのトラブルが絶えない子どもの行動について理解してもらうために、その子の自閉スペクトラム症という診断名をクラスの保護者や他の子どもたちに伝えることのメリットおよびデメリットを考えてみよう。

本章のポイント

　不登校は現在、日本のどの学校、どの学級で
も見られる現象であり、教職員は不登校状態に
陥っている子どもに日常的に関わることになる。
そのため、教職員は不登校について理解し、効
果的な支援について、経験を重ねながら学んで
いく必要がある。本章では、不登校現象の歴史
的経緯を解説し、次に日本におけるこの20年間
の発生率の推移に関する統計的なデータを示し
た。そのうえで、日本での不登校増加の要因と
して、個別的な要因と社会的な要因に分けて展
望を行い、支援のあり方について解説を行った。
不登校の概念、実態、要因と支援のあり方につ
いて理解を深める参考にしてほしい。

1 不登校とは

　不登校（non-attendance at school）とは、病気や経済的問題などのやむを得ない明確な理由がないのにもかかわらず、学校に行かない、あるいは行けない行動のことである。不登校について、世界で初めて報告されたのは、1941年のジョンソン（Johnson, A. M.）らの学校恐怖症（school phobia）の研究とされている。一方日本では、鷲見ら（1960）による学校恐怖症の研究が最初とされている。日本ではその後、1970年代から80年代にかけて、「学校に行かなければならないと感じつつも学校に行けない」葛藤を抱え持つ、神経症的なタイプが中核的存在であるとして、新たに登校拒否（school refusal）という名称が用いられるようになった。その後、1990年代以降、学校に行かない子どもの数は急増し（**本章第2節**）、状態像はさらに多様化したため、学校恐怖症や登校拒否といった中核的なタイプを想定することに意味が無くなり（**本章第3節**）、前述のような単に「学校に行かない行動」という意味で不登校という名称が用いられるようになっている。

　そもそも、子どもたちが学校に行くことは、依然として本人にとって重要で意義のあることである。特に現代は職業につくために必要な知識やスキルの量は増大しており、その点でも学校教育の重要性は増している。それと同時に、学校で集団生活の体験を重ねることで、社会で生きていくために必要なさまざまなソーシャルスキルを習得する意義がある。現代の職業は、対人サービスの仕事をはじめ、他者と関わり、集団で行う仕事の割合が高くなってきており、確実に重要性は増している。このことから、不登校の状態に陥ることは本人にとって不利益となることであり、子どもたちが充実した学校生活を送れるように、支援をしていかなければならない。

2 不登校の実態

　それでは、不登校の子どもの数はどのように変化してきているだろうか。

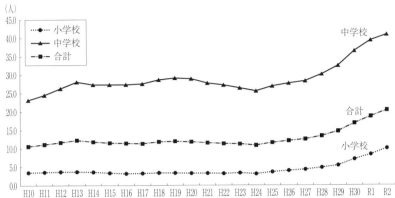

図6-1　不登校児童生徒数の割合の推移（1000人あたりの不登校児童生徒数）（文部科学省，2021）

　文部科学省は、病気や経済的な理由がなく年間30日以上の欠席をした小・中学生を「不登校」として調査を行っている。図6-1は1998（平成10）年から2020（令和2）年の22年間で、小学校と中学校でそれぞれ、この不登校の子どもが1000人中何人いるかという割合を示したものである（文部科学省，2021）。1998年度以降、不登校の子どもの数は増加の一途をたどり、2020年度では不登校の発生率は、小学生で1.00%、中学生で4.09%となっている。すなわち、2020年度では、小学校では3クラスに1名程度、中学校では1クラスに1名程度は不登校の子どもがいることになる。

3　不登校のタイプ

　1980年代では不登校を典型的なケースに分類し、各タイプごとに対応を考えていくべきであるという研究が多く見られた。たとえば佐藤（1996）は、不登校の分類として、①登校をめぐる葛藤を抱える中核的な神経症的登校拒否、②何らかの精神病による登校拒否、③非行を伴うことが多い怠学による登校拒否、④発達障害のために、集団適応に問題が発生した結果、二

次的に生じた登校拒否、⑤意識的に不登校を決める選択性登校拒否、⑥一
過性の登校拒否の6種類に分けている。このように細分化してもなお、現
代の不登校を見れば、「上記以外の本人に関わる問題」「その他」「重複ケー
ス」というようなカテゴリーを作らざるを得なくなるだろう。すなわち、現
代の日本では、不登校の子どもの数が非常に多いために、おおまかに分類
することができないほど多様化していることを示している。以上のことか
ら、現在では典型例を見いだそうとしたり、タイプ分けをしたりするとい
う考え方は取り入れられなくなってきている。

　さらに近年では高校中退の問題や、成人においても教育も受けず就労も
していないというニートやひきこもりが社会問題となっており、これらの
不適応状態は、義務教育時における不登校状態が遷延化して生じる形で問
題となっていることが推測される（斎藤, 1998）。

4　不登校発生のメカニズムと増加の要因

　それでは、不登校はどのようなメカニズムにより発生するのであろうか。
端的に言えば、不登校現象とは、子どもが学校に合わなくなってしまった
側面と、学校が子どもに合わなくなってしまった側面があると考えられる。
不登校現象の持つこの2つの側面をもとに、①子ども1人ひとりによって
異なる「個別的要因」という視点と、②どの子どもにとっても共通の「社
会的要因」という視点から、不登校発生の要因を整理したい。

A　個別的要因

　不登校の個別の要因として、子どもに「学校に行きたくない」と思わせ
る心理的ストレスの発生が考えられる。不登校につながる心理的ストレッ
サーとしては、友人関係、教員との関係、学習、家族関係などが指摘され
ている（菊島, 1999）。通常、心理的ストレスが生じたときに、これを解消し
ようとしてコーピング（対処行動）が行われる。しかし、本人がコーピング
を行うスキルを持っていない場合や、親・教員・友人といったストレス解

消を手助けするサポート資源が不足している、などによって、コーピング
に失敗すれば、ストレスは解消されない。その結果、学校からの回避とい
う形で不登校が発生すると考えられる。その後、学校を休み始めた子ども
は、「登校しなければならないのにできない」という葛藤を抱え、不登校期
間が長引くにつれて、「登校できない自分はだめだ」という自己肯定感の低
下が生じ、ますます登校できない状態に陥りやすい。木村（2002）は、この
ような不登校の発生を一次症状、続いて不登校状態が維持されてしまう状
態を二次症状と指摘しているが、不登校はこのような 2 段階によって発生
し、遷延化してしまうと考えられる。この点について、賴藤（1994）は、子ど
もにとってその場にいることに多くのエネルギーが必要な場として、まず
教室を頂点とし、次に自宅、最も低い位置に自室があるとする不登校の発
生に関わる居場所モデルを提案している。なんらかのストレスによって疲
弊しエネルギーが枯渇した子どもは、最も高い位置にある教室に居続ける
ことができなくなると、転がるボールのように、次に低い位置にある自宅
にいることになる。しかし、自宅でも親の叱責などのストレスが生じれば、
最後は最も低い位置にある自室に閉じこもるしかなくなるのである。

B　社会的要因

　次に、現代の社会において、どの子どもにとっても共通の不登校の要因
となり得る、社会的要因を検討する。世界的にも日本のように不登校が社
会問題となるほど増加している報告は見られておらず、日本という社会の
特異性のあらわれであるとも考えられる。森田（1991）は、社会学の視点か
ら不登校について 1989 年に調査を行い、「この 1 年間で学校に行くのが嫌
になったことがある」と答えた中学生が 70.8% いたことが明らかとなった。
このことから、1 か月以上の長期欠席はしていない子どもの中にも、登校
はしているものの登校回避感情を持ったり、遅刻早退を繰り返したり、断
続的に欠席をするといった、不登校のグレーゾーンが多数存在しているこ
とが推測される。このことから、不登校現象は特殊な個別的要因によって
特定の子どもたちにのみ生じているというよりも、現代の日本の子どもた
ちに共通する社会的要因が存在していることが推測される。この点につい
て、滝川（1994）は日本の社会の変化に沿って不登校の数が変動しているこ

とを指摘し、不登校の社会的要因を論じている。以下は、この滝川の論考に沿って検討したい。

　滝川は、戦後の混乱期にあった1950年代には長期欠席をしている子どもの割合が非常に高く（小学生で1%前後、中学生で3%前後）、その後、戦後の復興から高度経済成長が実現した1975年まで、長期欠席者が減少していることから、敗戦による混乱状態から日本が経済的に発展し、社会が安定するとともに、子どもたちが学校に行くようになったことを指摘している。そのような時代においては、学校に行き勉強をし、やがて社会人として仕事に励むことで、自分が豊かになり（同時に社会も復興し発展する）、自分の幸せにも直結するというイメージを人々が持てていたと考えられる。すなわち、がんばって勉強をすれば良い学校に入ることができる、良い学校を卒業できれば良い仕事を得ることができる、良い仕事につくことができれば一生安定した生活を送ることができる、というようなイメージを当時の人々は実感できていたと思われる。そのため、学校に行くことは自分の人生にとって利益になることであり、学校でがんばればがんばるほど自分の幸せにつながることを素朴に信じることができたのではないだろうか。

　しかし、日本では1980年代以降、社会が豊かになり安定し、国民全体で共有できていた、戦後の復興という社会的な目標が奇跡的に達成されてしまった。それに伴い、それまで信じることができた「みんなでがんばればがんばるほど、貧しかった自分も豊かになり、社会も発展し、自分の幸せにつながる」というイメージを人々が共有できなくなったのではないだろうか。1980年代の若者を指して「シラケ世代」と呼ばれることがあったが、生まれたときから豊かで安定した社会が既に存在していれば、「大人になったら豊かになりたい」「みんなでがんばって社会を発展させる」というイメージは持ちにくくなる。ちなみに、高校進学率も1970年代半ば以降から90%に達し、高校に進学することが当たり前となった。そのため、逆に高校に進学することの特別な意味は相対的に低下してしまった。このように、毎日学校に行って、勉強することが、子ども自身にとって有益であると実感することが難しくなってきたことが推測される。以上のことから、日本においては、徐々に「学校」というものが「特別」なものから「当たり前」のものになり、「何のために行くのかがよくわからない」のに「行かねばな

らない」という場所になっていったと考えられる。

　この「自分は何のために学校に行かなければならないのか」という疑問は、現代の中学生から問いかけられることはまれではない。もちろん、子どもたちは普段、学校に行く根拠を常に意識して生活しているわけではない。「友達と一緒にいるのが楽しいから」「部活に打ち込んでいる」「好きな教科がある」「なんとなく行っている」このような感覚で学校に行く子どもたちが大部分であろう。しかし、たとえばいじめられる、クラスメイトとなじめず友達ができない、親や教員にたびたび叱られてしまうなど、学校に行くことに大きなストレスを感じ始めると、子どもは「それでも学校に行かなければならないのか」と思うのが自然であると思われる。それでも、「学校に行くことは自分にとって有益である」ということを実感できていれば、我慢することができて登校しようとするかもしれないし、自ら問題解決に向けて動くことができるかもしれない。しかし、「学校に行くのが嫌だな」と感じると同時に「そもそも学校に行く意味がわからない」と感じてしまうと、もはや登校する動機はなくなってしまう。誰しも、自分にとってやる意義があると自覚していることであれば、多少のストレスでも我慢はできるものだが、「やる意味がわからないのにやらされていること」においては、少しでも不快なことがあると、それを我慢してまで続けることは非常に難しいのではないだろうか。以上のことから、1980年代以降、学校に行く意味を子どもたちが見失っていくことで、大人から見れば些細なことが理由で不登校になる子どもたちが増えていったのだと推察される。

　その後、1990年代に入ると、不登校はさらに急激に増加する。一方、この年代の日本社会は、敗戦後の奇跡的な復活をとげたものの、新たな社会の目標を見つけられないまま、バブルの発生と崩壊が生じてしまった。この状況は人々が持つ社会のイメージにどのような影響を及ぼしたのであろうか。永久に続くと思われた日本の経済発展が破綻し、経済の状態が急速に悪化し、大規模なリストラによる退職や、大企業と言われる会社が倒産したり、大学生であっても就職することに苦労したりする様を見れば、それまでまだ残っていた「がんばって勉強し、良い学校に行き、良い会社に入れば、一生幸せでいられる」というかつてあった全員にとっての希望は、ますます信頼性を失ったと考えられる。良い学校に入っても就職できない

かもしれないし、良い会社に就職できたとしても、リストラされたり、倒産したりするかもしれないのである。このように「全員にとって」の共通の目標、価値観が失われれば、学校に対する認識も多様化することは必然であろう。2010年代以降、不登校はそれまでの高止まりしていた状態からさらに急激に増加し、もはや戦後の混乱期の長欠率を超えつつあるが、これには以上のような社会的な要因も影響を及ぼしていると考えられる。

C 不登校の要因をどう理解するか

　以上のことを踏まえれば、不登校発生の要因として、子ども1人ひとりの個別の要因と、どの子どもにとっても共通な社会的要因がさまざまな濃淡で相互に作用し合い、不登校が発生していると捉えられる。このことから、子どもがどんなことにストレスを感じ、そのストレスに対してどのように対処しようとしているのか、または対処できていないのか、という視点で個別的要因を検討することが必要であり、さらにその子どもが学校に行くことについてどのような思いを抱いているのかという、社会的要因として挙げた点も踏まえて理解することが大切だと言える。

D 不登校の子どもに対する支援

　それでは、不登校に対して、教員としてどのようなことができるだろうか。文部科学省（2019）は、「不登校児童生徒への支援の在り方について」において、「不登校児童生徒への支援は、学校に登校するという結果のみを目標にするのではなく、児童生徒が自らの進路を主体的に捉えて、社会的に自立することを目指す」とし、「児童生徒によっては、不登校の時期が休養や自分を見つめ直すなどの積極的な意味を持つことがある一方で、学業の遅れや進路選択上の不利益や社会的自立へのリスクが存在することに留意すること」としている。これは、不登校はその子どもによりさまざまな意味を持つものであるため、単純に再び毎日学校に通えるようになることだけを目指すのではなく、その子どもが主体的に自分の進路を選択して社会的に自立できるように、将来について見据えながら支援を行うということである。

　まずはオーソドックスな具体的な支援としては、不登校状態にある子ど

もに対して、「学校に行けない」ことによる傷つきを受容的に受け止め、少しずつ子どもと学校との距離を縮めていき、学校につなげていく支援が挙げられる。たとえば、家庭訪問で会うことから始め、校内の相談室でスクールカウンセラーやスクールソーシャルワーカーに会う、保健室登校をする、というようなステップで学級に復帰できることを目指したい。

　一方、社会的な要因を踏まえれば、「全員に」「共通の」学校に行く目的や意義が空疎に感じられるようになってしまった現在、子どもたちにとって手ごたえのある、実感を伴った学校に行く意義とは、子ども 1 人ひとりがどのようなことに興味や関心、希望を持ち、充実感を感じられているのかという、個別性の中にあると考えられる。すなわち、その子どもの好きなこと、関心のあること、得意なことについて、活かせる機会や、周囲から認められるような場を、その子どものペースに合わせながら提供していくとよいだろう。そのためには、子どもたちが自分のちからを発揮できるように、フリースクールや教育支援センター（適応指導教室）、不登校特例校、ICT を活用した学習支援、中学校夜間学級での受入れなど、多様な支援や場を活用することが必要であろう。また、文部科学省（2019）は、保護者に対し、不登校への理解や不登校となった児童生徒への支援に関しての情報提供や相談対応を行うなど、保護者に寄り添った訪問型支援の充実が求められるとしている。

　このように、たとえ失敗をしても何度でもやり直すことができるような多様で柔軟な教育制度といった、子どもの選択肢を広げ、子ども 1 人ひとりの個別的なちからを育てる教育や支援のしくみを作ることが必要なのではないだろうか。

▎トピック▎ 不登校の事例

　A 君は中学 2 年生、性格は真面目でおとなしく、あまり自分の考えを言わない方である。中学校入学当初クラスに馴染めず、新しい友達ができなかった。クラスメイトから「暗い」「存在感が薄い」とからかわれることがあり、その頃から朝になると、腹痛や気分が悪いと言って、遅刻や欠席をするようになった。親は登校するよう強く言い聞かせていたが、2 年生に

進級すると夜中までゲームをして、昼頃に起きるようになり、完全に不登校状態に陥ってしまった。A君は、担任に会うと緊張してしまい、なかなか話せなかった。そこで担任は、スクールカウンセラーが家庭訪問してA君の相談に乗ることを打診したところ、A君はしぶしぶ同意した。A君は、スクールカウンセラーに徐々に心を開き、苦しい胸の内を語るようになった。夏休み以降、A君は校内の相談室に行き、スクールカウンセラーと相談するようになった。2年生の2学期から、興味のあった科学クラブにも参加し、友達もできた。3年進級時には、「高校に行って理科をもっと勉強したい」と言うようになり、授業にも出席できるようになっていった。

引用文献

菊島勝也（1999）．ストレッサーとソーシャル・サポートが中学時の不登校傾向に及ぼす影響　性格心理学研究，7（2），66-76．

木村浩則（2002）．不登校をめぐって　小久保明浩・高橋陽一（編）教育相談論　武蔵野美術大学出版　pp.129-161．

文部科学省（2021）．児童生徒の問題行動・不登校等生徒指導上の諸問題に関する調査

文部科学省（2019）．不登校児童生徒への支援の在り方について

森田洋司（1991）．「不登校」現象の社会学　学文社

斎藤環（1998）．社会的ひきこもり――終わらない思春期　PHP新書

佐藤修策（1996）．登校拒否ノート　北大路書房

滝川一廣（1994）．家庭のなかの子ども　学校のなかの子ども　岩波書店

鷲見たえ子・玉井収介・小林育子（1960）．学校恐怖症の研究　精神衛生研究，8，27-56．

頼藤和寛（1994）．いま問いなおす登校拒否　人文書院

考えてみよう

・・・・・・・・・・・・・・・・・・・・・・・・・・・・・・・

　子どもが学校に行った方がよいという根拠は何であろうか。そしてそのことを、子どもたちが実感できるようになるためには、どのような方法があるだろうか。

本章のポイント

　いじめは日常的にどの学校でもどの子どもにも生じ得るものである。一方で、いじめは周囲の大人には気づかれにくいものであり、エスカレートすれば、いじめの被害者の生命にも関わる危険性のあるものである。そのため、教職員はいじめの危険性について十分理解し、注意深く対応をしていくことが必要となる。また、担任１人がいじめの問題を抱え込むのではなく、学校内の教職員と保護者、必要に応じて外部機関とも連携・協力しながら対応していくことが重要である。本章では、いじめをどのように理解するか、いじめの予防、学校でいじめが起きた際の対応、いじめが解決した後の注意点までを解説している。

1 いじめとは

　1986年にある中学生が自殺をした。その自殺の背景には、集団で「葬式ごっこ」を行うなど、悪質ないじめの存在が明らかとなり、それから現在まで、いじめは日本で大きな問題となっている。

　はじめに、いじめをどのように定義すればよいであろうか。いじめには、加害者と被害者がいて、何らかの行為が行われている状況であると考えられる。さらに、それぞれがどのような立場にあるのか、いじめ行為の頻度、加害者の悪意の程度、被害者の苦痛度など、さまざまな要因が考えられる。いずれにしても、ある状況がいじめであるかどうかということは、いじめ行為がどの程度悪質であったかというような、外から見える、客観的、常識的な基準によってのみ決まるものではなく、また、加害者にいじめているという悪意があったかどうかによってのみ決まるものでもなく、まずは被害者が「いじめられた」と体験したかどうかによって決まると言えるであろう。この点を踏まえて、2013年に施行されたいじめ防止対策推進法（以下推進法）では、いじめを「児童等に対して、当該児童等が在籍する学校に在籍している等当該児童等と一定の人的関係にある他の児童等が行う心理的又は物理的な影響を与える行為（インターネットを通じて行われるものを含む）であって、当該行為の対象となった児童等が心身の苦痛を感じているものをいう」と定義している。この定義に関連して文部科学省（2013）は、個々の行為が「いじめ」に当たるか否かの判断は、表面的・形式的にすることなく、いじめられた子どもの立場に立つことが必要であること、さらに、いじめられていても、本人がそれを否定する場合も多々あるため、子どもの表情や様子をきめ細かく観察するなどして確認する必要があると注意を喚起している。すなわち、実際には、いじめられた子どもが加害者からの報復を恐れたり、自分自身がいじめられているという状態を恥ずかしい、情けない、認めたくないといった理由で、いじめを否定することもまれではないということである。以上のことから、いじめが起きたかどうかという認定の際には、被害者の体験が最も尊重されるべきであること、さらに被害者が否定したとしても、被害者の様子や状況を詳細に検討するこ

とが必要であると言えるであろう。

2　現代のいじめ

A　現代のいじめの特徴

　現代日本のいじめの特徴として、さまざまな指摘がこれまでなされているが、滝川（2004）の現代日本のいじめの特徴に関する指摘を紹介する。

①古典的ないじめでは、「いじめっ子」と「いじめられっ子」が誰であるか、周囲にも特定されていたが、現代のいじめでは、学級や友だちグループといった集団の中で、いじめる首謀者がはっきりしないまま、いじめが発生する色彩が強い。

②いわゆる「よそもの」をターゲットにするのではなく、自らの集団の中でいじめが発生する。また、友だち間の対立で生じる「けんか」とも異なり、明確な対立もなく、一見仲良く一緒にいるグループの中で、いじめが起きていたりすることがある。

③いじめの加害者と被害者が流動的で、いじめられていた者が他の誰かをいじめるようになったり、いじめの加害者がいつの間にかいじめの被害者になったりする。

④いじめといじめではない行為との境界が曖昧で流動的になっている。友だち同士の悪ふざけやゲームといったものが、いじめと連続的につながっている。間に明確な線が引きにくい。いじめた加害者は「遊んでいただけ」「ふざけていただけ」とこたえ、罪悪感に乏しい。

⑤一方で、恐喝や脅迫など非行とも連続性をはらんでおり、非行や犯罪にエスカレートする場合がある。

　以上を踏まえると、現代日本のいじめは、単なる悪ふざけから犯罪になる行為まで、内容が大きく拡散していること、またさまざまな場や手段でいじめが発生しており、周囲から見えにくい、気づかれにくいという特徴があると言えるであろう。

B インターネットを介したいじめ

　現代の日本では、インターネットを介して発生するいじめも大きな問題となっている。具体的にはSNS (ソーシャル・ネットワーキング・サービス)、スマートフォンにおけるインスタント・メッセンジャー・アプリなどを利用したいじめは、より第三者の目に触れにくいという特徴があるため、介入が難しく、深刻化しやすいと考えられる。文部科学省の調査 (2021) において、いじめの態様のうちパソコンや携帯電話などを使ったいじめは、2020 (令和2) 年度では 18,870 件 (前年度 17,924 件) であり、いじめの総認知件数に占める割合は 3.6% (前年度 2.9%) となっていた。ネット上のいじめの特徴としては、以下の4点が挙げられる (文部科学省. 2008)。

①不特定多数の者から、絶え間なく誹謗・中傷が行われ、被害は短期間できわめて深刻なものとなる。

②インターネットの持つ匿名性から、安易に誹謗・中傷の書き込みが行われるため、子どもが簡単に被害者にも加害者にもなりうる。

③インターネット上に掲載された個人情報や画像は、情報の加工が容易にできることから、誹謗・中傷の対象として悪用されやすい。また、インターネット上に一度流出した個人情報は、回収することが困難になるとともに、不特定多数の他者からアクセスされる危険性がある。

④保護者や教職員などの身近な大人が、子どもの携帯電話などの利用の状況を把握することが難しい。また、子どもの利用している掲示板などを詳細に確認することが困難なため、「ネット上のいじめ」の実態の把握が難しい。

3　いじめにどう対処するか

　それでは、学校場面でいじめが生じたときに、学校としてどのような対応ができるであろうか。推進法では、「いじめの防止等のための対策の基本となる事項を定める」ものとなっており、これをもとにいじめの対応について説明する。推進法では「学校及び教職員は学校全体でいじめの防止及

び早期発見に取り組むとともに、子どもがいじめを受けていると思われるときは、適切かつ迅速にこれに対処する責務を有する」とされており、いじめへの対処は学校と教職員の責任と言える。

A　いじめに関連する要因の理解

　集団内でいじめが発生した場合、その集団の構造上の問題を考慮に入れなければならない。たとえば、学級や部活動において、集団の構造として閉塞性や無秩序性が存在していることが、いじめの発生と関連していることも考えられるのである。また、いじめの加害者、被害者という二者関係だけでなく、いじめをはやしたて面白がったりする「観衆」の存在、いじめを黙って見て見ぬふりをすることで暗黙の了解を与えてしまう「傍観者」の存在にも注意が必要である。このような観衆や傍観者の存在が、いじめが行われることを維持したり、エスカレートさせたりする要因となることが指摘されている（正高, 1998）。これに加えて、教職員の不適切な認識や言動が、いじめを助長したり、被害にあっている子どもをさらに傷つけたりすることがあってはならない。たとえば、教職員による「いじめは、いじめられる方にも責任がある」という認識や言動は、前述の「観衆」の態度と同様に、いじめをしている者の罪悪感を無くし、いじめをエスカレートさせる危険性があり、あらためなければならない。

B　いじめの予防

　いじめ問題の根本的な克服を目指して、いじめを生まない土壌を作るための学校として継続的な取組が必要である。そのために、学校の教育活動全体を通じて、すべての子どもに対して以下のような事柄の実現が求められている。

①「いじめをしない」「いじめを許してはならない」ことを教育すること。

②いじめを生まない土壌として、学校や学級の中で教職員と子ども同士の信頼関係の構築を促し、学校が安心できる安全な居場所となること。

③さまざまな教育活動、体験活動を通じて、お互いの人格を尊重する態度、意見の相違を調整し解決するコミュニケーション能力など、子どもの社会性を育てること。それを通じ、自分自身を肯定的に認めることができ

るという自己肯定感、課題に対して自分の力を活かせばうまくいくはず
だというポジティブな見通しである自己効力感を高めること。

④特にインターネットを介したいじめを予防するために、インターネット
の情報や事象を正しく理解し、それを適切に判断し運用できる能力であ
る、ネットリテラシーを教育すること、また、子どものインターネット
使用について、学校や保護者による制限や安全管理を行える体制の構築
が必要である。

　以上のような教育活動においては、社会生活に必要なスキル、たとえば
他者とのコミュニケーションスキルを、ロールプレイなどを通じてグルー
プで練習する、SST（社会生活スキルトレーニング：social skills training）が有効
であると考えられる。さらに、学校内での異学年間の交流などを通じて、
専門家ではなく仲間同士で助け合う体験をすることで、他者に助けを求め
ることの有効性や、他者を助けることによって自分も充実感を得られるこ
とを学んでゆくピア・サポートといった取組みも有効であろう。また、注
意しなければならないのは、「いじめをしない」「いじめを許してはならな
い」と教えることは、子どもに「いじめについて考えさせない」というこ
とではない。人間が他者を攻撃することは、子どもたちだけでなく、大人
の社会でも現在では残念ながらごく当たり前に見られるものである。子ど
もでも大人にとっても、いじめは決して稀に発生するものでもないし、誰
しも他者を攻撃してしまうことが起こり得るからこそ、思考停止すること
なく、いじめをしないよう、いじめを許さないよう、われわれは考え続け、
努力し続けていくべきであるということを、子どもたちに伝えていきたい。

C　学校におけるいじめの早期発見や事実確認のための措置

　学校は、いじめについて早期発見をするために、子ども、保護者、教職
員がいじめに関する相談を行うことができる教育相談の体制を整備するこ
とや、電話相談窓口の周知など、子どもや関係者がいじめを訴えやすい体
制を整えることが必要である。また、子どもに対する定期的なアンケート
調査を行うことも効果的である。子どもに対するアンケートは、安心して
いじめを訴えられるように無記名にするなど工夫すること。また、放課後
の様子や、家庭訪問も重要な機会となるであろう。

　いじめの報告があった際には、いじめを知らせてきた子どもといじめの被害者の安全の確保と、「教育を受ける権利」が擁護されるよう配慮しなければならない。さらに、地域、家庭と学校が連携して、日頃から子どものささいな変化や危険信号を見逃さないようにしたい。

D　いじめが起きたときの対応

　いじめが発生してから、その対応までのプロセスを説明する。まず、教職員、いじめの相談を受けた者、保護者は、いじめの事実があると思われたときは、学校に通報しなければならない（推進法23条）。そして、通報を受けた学校は、校内で情報の共有を行い、関係する子どもから事情を聴き取るなどして、いじめの事実の有無の確認の措置を講じる。いじめの事実が確認されれば、校長から学校の設置者に報告するとともに、被害者と加害者の保護者に連絡を行う。その際には、いじめの事実に対する理解と納得を得ること、そのうえで、学校と保護者が連携して対処していくよう協力を求めることが重要である。その後は、複数の教職員による校内の組織が、心理・福祉などの専門家の協力を得つつ、被害者の安全確保とその保護者も含めた支援、加害者に対する指導とその保護者への助言を継続的に行う。

　被害者に対しては、学級集団に復帰し、安心して教育を受けられるようなスクールカウンセラーによる心理的ケアを含めた支援を行う。その際に、必要と判断されれば、被害者と加害者を一緒にせず、加害者を別室で学習させるなどの措置を行う。また、被害者の保護者と、加害者の保護者との間で争いが起きることが無いよう、いじめに関する情報を保護者たちと共有するなど、配慮しながら措置を行う。

　加害者に対しては、いじめは相手の人格を傷つけ、相手の生命、身体、財産を脅かす行為であることを理解させ、自らの行為の責任を自覚させるよう毅然とした指導を行う。一方で、いじめを行う背景に、さまざまな環境的、心理的問題が存在している場合がある。そのために、加害者に対しても、どのような問題を抱えているのか理解につとめることが必要であり、子どもの社会性と人格の健全な発達を促すことを狙いとして、指導を行うことが重要である。また、校長および教職員は、教育上必要があると認め

られるときには、加害者に対して懲戒を加えることができる。これに関して、市町村の教育委員会は、必要に応じて、加害者の出席停止を命ずることができる。連携することが考えられる関係機関としては、警察、児童相談所、医療機関、法務局、都道府県私立学校主管部局、PTAなどがあり、平素から、学校側と関係機関の担当者の連絡会議の開催など、情報共有体制を構築しておくことが必要である。

　以上のように、教職員が1人でいじめ問題を抱えこむのではなく、速やかに組織的な対応をすることが重要である。教職員は普段からいじめが発生した場合のこのような対処の方法について理解を深めておくこと、また、学校は組織的な対応ができるよう、体制整備を進めておくことが必要である。

E　いじめについて警察と学校との連携

　いじめについて警察庁（2019）は、警察も学校と連携しつつ対応を行っていくことが必要であることを、全国の都道府県警に通達している。

　具体的には、学校または被害者およびその保護者が犯罪行為として取り扱われるべきと判断したいじめ事案について、相談や通報があった場合には、警察として必要な対応をとるとしている。そのために以下の体制を整えていくべきであるとしている。

①警察と学校との間で連絡窓口となる担当職員を決めておくこと。

②学校警察連絡協議会などの場において、いじめへの対応について認識の共有を図ること。

③スクールサポーター制度の拡充に努めること。スクールサポーターとは、警察署と学校・地域のパイプ役として、少年の非行防止や児童などの安全確保対策に従事する警察署の再雇用職員または専門知識を有する人材を言う。スクールサポーターが学校に訪問し情報の収集を行うこと、犯罪行為として取り扱われるべきいじめ事案を認知した場合には、学校と警察に速やかに連絡・報告すること。特に学校が相談などを行うべきか判断に迷うような場合には、積極的に相談にのること。

④インターネットを介したいじめの場合は、必要に応じて警察本部サイバー犯罪対策担当課に支援を求めること。

F　いじめが解決した後

いじめが解決したと思われる場合でも、被害者とその保護者には、依然として心理的なショックや傷つきを抱えている場合が多いので、スクールカウンセラーによる継続的なケアの実施が求められる。

また、被害者にとって、学校が再び安全安心な居場所となるように、教職員による十分な見守りや、学級集団に復帰することの支援を行うことが大切である。また加害者に対しても、その保護者と連携しつつ、学校生活に適応し、いじめが再発しないよう、継続的な見守りと指導を行っていく。

いじめを面白がったりしていた「観衆」に対しては、そのような行為はいじめに加担し、エスカレートさせる危険性のある行為であることを理解するよう指導する。いじめを知っていたにもかかわらず黙って見て見ぬ振りをしていた「傍観者」に対しても、自分の問題であると捉えさせ、たといじめを止めることができなくとも、誰かに知らせる勇気を持てるよう指導する。

以上のように、いじめの解決とは、加害者が被害者に謝罪すれば終結するものではなく、関係した子ども全員が、適応的な学校生活に復帰し、再びまとまりのある学級集団を形成し、お互いを尊重し認め合う人間関係を構築できることを目標に対応を行うことが大切である。

▌▌トピック▌▌ いじめの事例

Bさんは、現在中学1年生、ハキハキと話し、論理的に考えることが得意な生徒で、小学校時代までは学級委員をやるなどクラスのリーダー格であった。中学入学後も、クラスの話し合いなどでも積極的に発言をしたり、仕切り役をしたりしていた。ある日、友達から、インターネット上のインスタント・メッセンジャー・アプリにBさんの悪口が書かれていると言われ、そのログを見せられた。Bさんが見てみると、アプリ内のBさんの同級生たちと思われるグループのチャットで「上から目線でうざい」「自分勝手」などと悪口を書かれていた。Bさんの親はこのアプリを使用することを許可していなかったため、Bさんは全く知らなかったことであった。これを知った男子生徒たちからも、「おまえはクラスで嫌われてるんだな」と

からかわれた。Bさんはショックを受け、話し合いでも発言することができなくなり、クラスの中で孤立していってしまった。Bさんの様子が変わったことに担任の先生が気がつき、「何かあったの？」と声をかけるが、Bさんはかたい表情で「何でもないです」としか言わなかった。その後、心配した担任が、Bさんをスクールカウンセラーのところに連れて行った。スクールカウンセラーに次第に心を開いたBさんは、いじめのことを語るようになった。スクールカウンセラーはBさんの了解を得たうえで、担任にこの件を伝え対応を協議した。担任は、この件について校内の教職員に周知したうえで、クラスに対してインターネットの使用に関わる指導と、グループチャットをしていたメンバーへの個別指導を行い、スクールカウンセラーはBさんの傷つきへのケアを続けた。その結果、Bさんへの悪口は些細な誤解が原因であったことが判明し、誤解は解消され、Bさんは徐々に同級生たちと再び関係を作ることができるようになった。

引用文献

警察庁（2019）．学校におけるいじめ問題への的確な対応について（通達）

滝川一廣（2004）．新しい思春期像と精神療法　金剛出版

正高信男（1998）．いじめを許す心理　岩波書店

文部科学省（2008）．「ネット上のいじめ」に関する対応マニュアル・事例集（学校・教員向け）概要

文部科学省（2013）．いじめ防止対策推進法

文部科学省（2013）．いじめ防止基本方針の策定について（通知）

文部科学省初等中等教育局児童生徒課（2021）．令和2年度　児童生徒の問題行動・不登校等生徒指導上の諸課題に関する調査結果について

考えてみよう

　インターネット上のコミュニケーションのあり方は、技術的な進歩に伴って、急激に変化している。現在のインターネット上のコミュニケーションの状況から、どのようないじめが起こり得るか、検討してみよう。

本章のポイント

　本章では、児童生徒が学校内ないしは学校の外において、非行と呼ばれる行為に及んだ（ないしはその予兆も含め）場合の、学校側の対応を主眼として、非行少年の司法関係機関における一般的な法的手続きや流れなどについて概説する。そして、非行少年が抱える問題を解明し、その立ち直りを支援する非行臨床の現場から見えてくる少年たちの姿、その理解と対応について事例を交えて考える。また、児童生徒の非行問題に関する相談機関について、その役割などについて概観するとともに、各機関との連携のあり方を探る。

1 非行とは

　非行とは、少年（20 歳未満の男子、女子の両方を含んでいる）が法という社会
規範を逸脱して起こした問題行動と捉えられる。端的に言えば、未成年者
が刑法をはじめとする法を犯す行為である。
　少年法においては、非行を次の 3 つの種類の行為または行状を総称とし
ている。①14 歳以上で罪を犯した場合（犯罪少年）、②14 歳未満で刑罰法令
に触れる行為をした場合（触法少年）、③18 歳未満で性格または環境に照ら
して、将来、罪を犯し、または刑罰法令に触れる行為をする虞（おそれ）の
ある場合（ぐ犯少年）である。③については、ぐ犯要件を、ア）保護者の正
当な監督に服さない性癖があること、イ）正当な理由がなく家庭に寄りつ
かないこと、ウ）犯罪性のある人もしくは不道徳な人と交際したり、いか
がわしい場所に出入りしたりすること、エ）自己または他人の特性を害す
る性癖があること、と規定し、このいずれかに該当することが前提となる。
したがって、少年法では、刑罰法令を犯さなくとも、ぐ犯要件が満たされ
れば非行の範ちゅうに入り、具体的な違法行為に至らずとも、放っておけ
ば犯罪に走るおそれがある少年も非行少年ということになる。

2 非行少年がたどる司法手続

　非行少年として認知された後の司法手続は、**図 8-1** の通りである。
　一般的に補導・検挙（逮捕）という形で非行を認知する最初の公的機関は
警察である。少年はそこで任意で事情を聴かれたり取調べを受けたりする
ことになる。そして、保護者が呼ばれ、非行が軽微であることや保護者に
よる指導が期待されるなどすれば帰されることもある。その他は、犯罪少
年であれば検察庁を経由して家庭裁判所に、触法少年およびぐ犯少年であ
ればそのまま家庭裁判所に係属されることになる。ただし、14 歳未満の少
年の場合は、児童福祉法上の取り扱いが優先される。

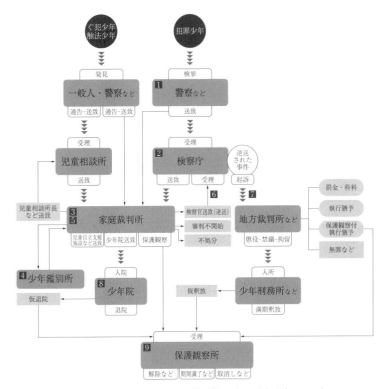

図 8-1　非行少年に対する司法手続の流れ（法務省，2022）

　非行少年が学生であれば、警察から学校にも連絡が入り、学校内での様子を聴かれたり、家庭裁判所からも情報を求められることがある。家庭裁判所では、文字通り家庭裁判所調査官が調査を進める。この調査は在宅のまま行われる場合と、身柄事件として観護措置が取られ少年鑑別所に送られる場合がある。少年鑑別所では、少年の問題を明らかにし改善に向けた処遇の方針を立てるために、鑑別技官と称する心理学の専門職員が面接や心理検査を駆使して調査を進める。少年鑑別所での収容期間は最長で 8 週間であるが、ほとんどの場合 4 週間以内である。学校関係者であれば、少年鑑別所で少年と面会ができ、申し出れば、担当の鑑別技官との面談も可能である。

3 非行少年の理解

　非行少年という言葉から、どのようなイメージを持つであろうか。特に、非行とは無縁の人たちは、いわゆる「不良」と呼ばれ暴力的な行為によって自分の強さを周囲に認めさせようとする者、暴走族、髪を染めピアスをつけて目立つ服装を身にまとい歓楽街でたむろしたり我が物顔で闊歩する者、たばこを吸ったり飲酒したりする者などが頭に浮かぶであろうか。時には、社会の耳目を集めその動機からは理解できない悲惨な事件を起こす者など、さまざまであろう。いじめや校内暴力（厳密に捉えればこれも非行の範ちゅうとなるが）、授業を妨害する児童生徒など、学校関係者からすれば、問題行動を呈している者すべてが非行少年と映るかもしれないが、少年法上は先に述べた通りである。

　少年鑑別所に入所した2つの事例を紹介する。

事例1　教員をナイフで刺した中学2年の男子生徒

　「キレた中2男子生徒、教師をナイフで刺す」という新聞報道。少年鑑別所に入所したA君は、小学生と言われてもおかしくないほど小柄で童顔。髪も染めていない。大変な事件を起こしたものの屈託がなく初めての少年鑑別所生活に緊張感を示さない。知能検査の結果は平均よりも低い数値で、作文などからも学力の遅れや不足が認められた。案の定、A君は、小学生時代から成績が振るわず、同級生や教員からからかわれ、いじめも受けていた。中学に進学して、小学校時代、唯一仲の良かった友達が素行不良な先輩や同級生と付き合いだし、A君も一緒にいることが多くなった。A君は小心者ながらも彼らと一緒にいると、小学校時代自分をいじめていた生徒がA君に一目置くようになり、自分も強くなれた気がして、いじめっ子を見返すことができたようにも感じた。特別大きな悪さはしないものの、時々授業を抜け出すようになり不良仲間と付き合っていることで教員から目をつけられるようになったが、解放感もあった。ある日、自分がやっていないことを教員から自分のせいにされた。他の生徒の前で問い詰められ胸倉を掴まれ、やっていないと言っても聞き入れてもらえず、仲間からも

らったナイフを取り出し教員に向けた勢いで教員の脇腹を刺してしまった。いじめられなくなった今を失いたくない、自分のメンツを保っておきたいという思いが瞬間頭を駆け巡った。「キレた中学生」と一言で片づけられないそれまでの経緯が背景にあった。

　中学校の教員が少年鑑別所に面会に来た際に、A君は教員に対し素直に謝罪し、教員もほっとしたが、鑑別担当者との面談で、A君が小学校時代にいじめを受けていたことを知らされた。このことを受けて、学校側はA君がいつ学校に戻ってきても素行不良な生徒と付き合わなくても学校生活が送れるよう準備を進めた。学業の遅れに対しては個別に指導する、学内の行事や活動にも参加しやすいよう配慮するようにした。

　A君の両親は共働きで、父親はA君を幼少期から厳しくしつけ、学校の勉強でいい成績をとるよううるさく言い、時には手を上げることもあった。A君にとって学校の勉強は難しく、小学校時代は家でも学校でも小さくなっていた。ただ、この事件を契機に両親もA君を追い詰めていたことに気づき、勉強があまり得意ではないことを受け入れ、以後厳しく接しないように心掛けることにした。

　審判決定は保護観察。保護司の指導を受けながら、その後の学校生活も大きな問題なく経過した。高校は受験せず、調理の仕事に就いた。

事例2 　**援助交際と覚醒剤使用に足を踏み入れた女子高1年生**

　企業の中間管理職の父、専業主婦の母、4歳年下の弟の4人家族。Bさんは明るく小さい頃から親の言うことを聴き学業成績もよかったが、Bさんが中学1年生のとき、弟が片足に義足を付けるほどの大きな交通事故に遭ってから、母親が弟ばかりに目を向けるようになったと感じ寂しかった。学業に専念し私立の有名進学高校を受験し合格したが、周囲から「Bさんなら当たり前」という捉え方をされたと受け止めていた。希望の高校であったものの、同じ中学から進学したのはBさんだけで、初めての電車通学は疲れるだけでつまらなく、クラスの生徒は有名大学を目指すガリ勉ばかりで高校生活にもすんなり馴染めなかった。ある日、学校帰りに途中下車し、歓楽街を当てもなく歩いていたら、街でたむろしていた同年代の女の子に声を掛けられた。茶髪で化粧をしていて不良っぽかったが、あっけら

かんとした明るさが新鮮で、一緒に遊ぶようになった。女の子たちのグループを取り仕切っていた20代半ばの男性から小遣い稼ぎとして、援助交際を持ちかけられた。最初は断ったが、女の子たちの何人かが既にやっていて、「1時間我慢すれば2、3万円貰えるよ」という明け透けな言葉に抵抗感が薄らぎ、中年の男性とホテルに行った。その後、毎回、性交渉に至るわけでもないため、回数を重ね、好きな洋服やアクセサリーを買うことができた。買った洋服などは女の子が借りているアパートに置かせてもらい、そこで着替えていたので、母親は全く気づかなかった。帰りが遅くなるときは塾に行っていることにした。学校は休まなかったが、親しい友達はできなかった。ただ、クラスメイトが知らない世界を自分は知っているという気持ちから、「勉強だけが取り柄のあなたたちとは違う」という優越感もあった。援助交際を持ちかけた男性が自分のことを可愛いと褒め優しく接してくるので付き合うことになり、その男性から勧められるまま覚醒剤を使用するようになった。注射ではなく、「あぶり」と称する、煙を吸引する方法は抵抗感が少なかった。使用すると高揚感のようなものがあり、気持ちが大きくなるのを感じた。その後、男性が覚醒剤の代金を要求してくるため、金稼ぎで援助交際を重ねホテルから出てきたところを逮捕された。学校には普通に通っていたので、親も教員もBさんの非行には全く気づかなかった。ただ、成績は急激に下がっていた。

　少年鑑別所に入所したBさんは、ごく普通の高校生で、受け答えもしっかりしており、きちんとしつけられてきたのは所内生活の様子からもわかった。知的能力も高かった。ただ、心理検査の結果からは依存傾向の高さや甘えの強さが示され、しっかりした生活態度とその裏側にある内面のぜい弱さとのアンバランスが顕著であった。

　面会では母親と一緒に泣くことが多かったが、お互いの思いにすれ違いがあったことを少しずつ話せるようになった。

　審判決定は少年院送致。約1年間の少年院在院中に、仕事優先で家庭を顧みてこなかった父親がそれまでの自分を悔やみ、家族と一緒にいる時間を多くとれる仕事に転職した。Bさんは少年院生活を終えた後、別の高校を受験して無事に高校生活を終えた。

　事例1は、非行を契機に学校と家庭がそれぞれ少年にとってどのような対応がいいのか、少年の思いとその後の生活を最優先に考えていることがわかる。勿論、すべて順調にことが運んだわけではないが、その後の生活態度は大きく変わっている。

　事例2は、学校内において問題行動はなかったものの、義務教育の段階ではなかったことや事案の重大さもあってか、学校側は積極的に介入せず、復学のための態勢作りにも意を配せず、退学処分となっている。

　いずれの事例も怠学せずに通学していることから、学校が自分の居場所の1つとして位置づけられていたと言える。ただ、非行に至る前に、ないしは初期の段階で学校側の介入の余地はなかったであろうか。結果論かもしれないが、素行不良な者とおよそ接点のないような生徒が、彼らと行動をともにしていることに疑問を抱かず、単に交友関係や行動だけで「不良」というレッテル貼りをしていなかったか、検討を要する。また、普段から問題を起こさずに学校生活を送っている生徒を「普通の生徒」として見過ごしてしまうことも1つのレッテル貼りと言えるのではないか。成績が急激に下がっているときは、生活の不安定さを疑うポイントになり得る。

　親や教員の対応如何で、非行に走る、逆に一線を越えさせずに済むことが少なくない。また、一見、特異と思われる非行でも、その裏側にある少年の心の揺れ動きや、少年が感じる頼りなさや悩みを人に打ち明けられずにいるもどかしさは、他の非行少年にも共通する面が多い。

A　非行少年への関わり

　少年が非行に及んだ場合、捜査機関をはじめ、関係する司法行政機関においては、職務上「なぜこのようなことをしたのか？」、「何があったのか？」と、原因追究的な関わりをすることが多い。一方、教員はどのようなスタンスで児童生徒と向き合うことになるのか。同様に、原因を追究しようとする働きかけで、問題の解決に向かうことができるであろうか。

　2つの事例においても、過去の出来事を丹念に聴くことで非行の理解を進めることができたが、少年が進んで話してくることは少ない。心理臨床の基本的なスタンス「きく」、「まつ」ことは教員にとっても参考となる必要な姿勢であると思われる。目の前の少年たちと、今後どのような道筋を

つけていくことが望ましいのか将来に向け一緒に考えるという視点からも、過去に固執し原因追究にばかり走ってしまうと逆効果になることが多い。一方、ほとんどの非行には、被害者が存在する。被害者やその家族の思いや心の傷が容易には癒やされない事実に向き合わせ、被害者らの痛みを理解させることも不可欠で、その前提として自分自身の大切さをわからせることもきわめて重要である。問題点のあら探しからは自尊感情は芽生えない。

B　保護者との協働関係

　学校教育それ自体にも共通することであるが、児童生徒の保護者である親とどのようにして共通理解を得ながら問題を考えていくかも、きわめて重要なカギになる。保護者への対応、そして保護者との連携の重要さについては**第 11 章**の通りであり、特に非行に走った少年の多くが、背景に何らかの家庭の問題を抱えていることから、教員は保護者との協働作業に注ぐエネルギーを惜しまないことである。

4　非行に関する相談機関

　非行の予兆と思われる逸脱行動を認知したときには、相談関係機関を活用し、速やかに連携しながら対応方法を検討することが望ましい。事例にも示した通り、外形的な行動・行為だけに着目すると目の前の児童生徒の理解を誤ってしまうおそれがある。非行に至る背景事情には、さまざまな要因が絡んでおり、いじめや虐待、さらには発達障害の存在も視野に入れなければならない。必要に応じて、児童精神科医や福祉関係者とも連携したい。以下に、非行少年と密接に関連している 2 つの機関を示す。

A　警察

　警察は、犯罪の捜査、被疑者の逮捕、公共の安全と秩序の維持等の重要な責務の他に、未成年を対象として、警視庁、各道府県の警察本部に（青）

少年相談室、少年（サポート）センター、少年補導センターなどを設置し、心理の専門職員らによる少年相談活動を行っている。また、ヤングテレフォン・コーナーとして電話相談にも応じている。

B　少年鑑別所

　少年鑑別所は、非行少年の鑑別の他に、法務少年支援センターとして地域社会における非行および犯罪の防止に関する援助（「地域援助」と言う）を行っている。地域援助には、少年、保護者等から個々の相談に応じる「個別援助」と、関係機関・団体等からの依頼に応じて行う「機関等援助」がある。取り扱う内容は、非行・問題行動、不良交友などから家庭や学校・職場でのトラブルなどさまざまである。個別援助では少年自身が直接相談に来ることはまれで、多くは保護者や学校の教職員である。そこでは臨床心理の専門家が個々に電話や対面により相談を受け、必要に応じて少年に対して心理検査を実施することもある。一方、機関等援助には研修・講演、法教育授業などがある。依頼元機関別で見ると学校や教育委員会、さらにはPTAなど広く言えば「教育関係」者からの依頼の割合が多い。内容は、少年司法制度や少年非行の現状をはじめ、問題行動の理解とその対応について情報提供している。質疑応答では、家庭内でのしつけや学校内での学童生徒の接し方など具体的な話に及ぶことも少なくない。学童生徒に向けた法教育授業では、少年の日々の指導に熟達した法務教官が担当することもある。

　教育相談活動に関する教職員の研修計画の一つとして、機関等援助を活用することは非行の未然防止の観点からも有用であり、普段から身近な相談機関として少年鑑別所との連携を図ることが望まれる。

┃┃トピック┃┃　非行は社会を映し出す鏡

　非行少年の問題を解き明かすには、少年自身の資質面を掘り下げていくと同時に、少年を取り巻く環境についても把握しなければならない。その環境は家庭という狭い空間に留まらず、社会の変動を反映していることがあり、そのことが「非行は社会を映し出す鏡」であると言われる所以でも

ある。もちろん、個々の非行をすべて一括りにはできないが、戦後から2013（平成25）年までの少年刑法犯検挙人員の推移を棒グラフにして表示すると、4つの高い波が描かれ、その時代によって非行の意味合いが異なっていると言われている。たとえば、1951（昭和26）年をピークとする第1の波は、戦後の復興と貧困の時期で、いわば生きていくための手段としての窃盗・強盗が多発したとされている。1983（昭和58）年をピークとする第3の波では、物質的な豊かさを手に入れ、中流家庭を自負する家庭の少年が、万引きや自転車盗などの軽微な非行を頻発させ、「初発型非行」として非行が一般化し、一方、受験戦争の中、家庭や学校での不満や不適応から家庭内暴力・校内暴力・いじめといった暴力も続発したとされている。

　このようにして、それぞれの時代における社会の変化に呼応するように非行が発生していると言われている。また、非行名は同じでも、少年個々の背景にある問題は異なっていることも指摘されている。少子化の時代となり少年人口は減少しているが、社会の動きとともに、価値観、文化、流行などさまざまな出来事にアンテナを張り巡らせておくことが賢明である。

引用文献

上田彩子・守安匡（1996）．非行——対処と予防のために　ライブラリ思春期のこころのSOS 3　サイエンス社

法務省（2022）．法務省パンフレット（2022年版）　法務省ウェブサイト

考えてみよう

　校内で暴力事件が起こり、学校だけでは対処できず110番通報をして生徒数名が逮捕された。この後、学校として取るべき対応を列挙し、時系列に整理したうえで、どのような点に留意して対応するか考えてみよう。

第 9 章

自傷・自殺

本章のポイント

　近年、わが国では若年世代の自殺や自傷行為が重大な社会問題となっており、学校の中で教員が児童・生徒の自傷行為や自殺企図に遭遇することも稀なことではない。この章では、自傷行為や自殺企図といった自己破壊的行動について理解を深めるとともに、リスク評価や危機対応、および自殺発生後の対応などについての基本的知識を学習することができる。また、将来、児童・生徒が社会に出た後にも自殺せずに生きていくことができるよう、学校における長期的な自殺予防の取り組みについても理論的に方向性を提示してあるので、個別の相談場面だけでなく、総合学習や道徳、あるいは保健の授業などを計画する際の参考にしてほしい。

1 児童・生徒における自傷・自殺の実態

　近年、わが国では若年世代の自殺死亡率（人口10万人当たりの死亡者数）が
上昇傾向にある。15〜39歳の死因の第1位は自殺であり、教員は普段から
学校における児童・生徒の自殺リスクに備えておく必要がある。

　2020年の春にはCOVID-19の世界的流行が始まったが、同年夏から秋に
かけて（日本における第2波の時期に）若年層と女性の自殺が顕著に増加に転
じ、その年の児童・生徒の自殺も500件近くに跳ね上がった。ただし、児
童・生徒を含む若年層の自殺は、既に2018年頃から増加傾向が見られてお
り、重大な社会問題として以前から注目されてきた。

　未成年者の自殺は「いじめ自殺」のように単純化されて報道されること
が多いが、実際の自殺は複数の要因が複雑に絡み合って生じる現象であり、
若年者の自殺の危険因子も多岐にわたっている（**表9-1**）。もちろん、これ
らの危険因子はあくまでも確率論にすぎないため、将来発生する個々の自

表9-1　学校生活で特に配慮を要する自殺の危険因子

危険因子	主な研究知見
過去の自殺企図歴	最も重要な危険因子。男子では30倍、女子では3倍も将来の自殺死亡率を高める
精神疾患への罹患	気分障害、物質関連障害、不安障害、パーソナリティ障害、重複障害などが自殺行動に関連。また、精神疾患では退院直後の自殺リスクが高い
家族に関連する問題	自殺の家族歴、家族内の葛藤、被虐待経験、ホームレス状態といった要因が若年者の自殺と関連
学校生活上の問題	ドロップアウト（学業不振や退学、長期欠席）やいじめ被害の経験などが将来の自殺企図に関連
ネガティブ・ライフイベント	自殺念慮を引き起こす長期的危険因子にも、自殺企図直前の引き金にもなる
衝動性・攻撃性	いじめの加害や非行、ADHD、行為障害などが自殺行動と関連
セクシュアリティに関する問題	性的指向をカミングアウトする18歳〜19歳頃に最も自殺企図のリスクが高くなる
自殺関連情報への接触	メディアによる自殺報道がその後の群発自殺を引き起こす

殺を予測することには限界があり、事前に兆候を把握できない事例も存在
する。しかし、多くの先行研究の知見からは、長期にわたって認められる
危険因子に直近の危険因子が加わった場合に自殺の危険が高まるとされて
おり、少なくとも何らかの生きづらさを抱えていることが明らかとなった
児童・生徒に対しては、どういった要因がその子にとって重要な意味を持
っているのかといった観点からリスク評価と支援を継続的に行う必要があ
る。とりわけ、対人関係の問題は自殺の危険性を高める要因として最も重
要であり、たとえば「成績不振」が気になる子どもであっても、そのこと
が両親や友達といった対人関係にどのように影響するのかといった視点で
理解を深めることが役立つ。また、若年者は人前で恥をかいたりすること
が自殺のきっかけになりやすいといわれており、他の児童生徒のいないと
ころで話を聞くといった丁寧な配慮も求められる。

　他方、リストカットなどの自傷行為は、中高生の約1割が経験している
自己破壊的行動であり、そのうち約半数が日常的に自傷行為を繰り返して
いるとされている。実際、学校内で事例化するのは自傷行為経験者の3分
の1程度であるとされており、学校の教員が把握可能なのは、このように
繰り返し自傷行為を行っている児童・生徒が大半だろうと推測される。こ
うした自傷行為経験のある若者は、幼少期に虐待を受けるなど過酷な養育
環境で生育し、自尊心が低く、慢性的な希死念慮を有する者が多いことが
明らかにされているものの、近年ではさまざまな長所や能力を持ち、心的
外傷経験のない者も見られるようになってきている。

2　自傷行為と自殺企図の区別

　まず、議論の前提として、ここでは少しばかり自傷行為（self-injury）と自
殺企図（suicide attempt）の定義について松本（2009, pp. 19-23）の指摘をもと
に説明を加えておく。
　自殺企図とは、一般的に、本人が「死にたい」という意図をもって行わ
れる行為であると定義される。そして、その行為の多くは致死性の高い（そ

れを使うと死んでしまう可能性の高い）方法が用いられ、本人にもこの方法なら確実に死ねるだろうという予測（致死性の予測）がある中で行われる。ただし、この「死にたい」という気持ちは、心のどこかでは生きたいと思っているものの、さまざまな苦しい問題が積み重なって精神的に追い詰められてしまった結果、もう死ぬ以外に解決方法がないと強く思いこんでしまっている状態（心理的視野狭窄）であり、その意味で自殺企図の目的は「心理的な痛みからの逃避や意識を終わらせること」である。

　一方で、自傷行為は、リストカットに代表されるように皮膚の表面を傷つけるといった致死性の低い（それを使っても死んでしまう可能性の低い）方法を用いて、不安や恐怖などの否定的感情や、自分の中のうまく言葉にできないような感情を抑えたり、それらを取り去ったりする目的で行われることが一般的であるとされている。つまり、自殺企図と自傷行為は同じように自分を傷つける行為ではあるが、それぞれ別の目的で行われる行為であって、自傷行為は「死ぬこと」ではなく、場合によっては、むしろ自殺を回避する目的として行われることすらある。

　ただし、死ぬことを目的とした行為でないからといって自傷行為を繰り返している児童・生徒に対する支援が必要ないわけではない。確かに、皮膚の表面を繰り返し切っているだけで死に至ることはそう多くないものの、自傷行為を繰り返しているうちにエスカレートしていき、最終的に命の危険にさらされることがある。また、たとえ傷が浅くても死にたい気持ちから手首を切る者もいるため、傷の見た目や方法だけで自殺企図か自傷行為かを判断することも危険である。さらに、「リストカットは単に他の人の気をひきたいだけだから、関わらない方がいい」という理解も間違いである。実は、リストカットをしている子どもの多くは、誰にも見つからないように隠れて切っている場合がほとんどであり、切ったことを誰にも話したがらない。いずれにせよ、自傷行為の背後にも自殺企図同様に本人に苦痛を与えるような出来事が存在しているはずであり、自傷行為以外のつらさに耐える対処方法を身につけていく支援が必要となる。

3 自殺のサイン

　自殺リスクの高まりを示す重要な徴候の1つとして、「死の意図（死にた
い気持ち）の表明」が挙げられる。しばしば対人援助職の間でも「死にたい
と言う人は実際には死なない」といった類の神話が聞かれることがあるが、
実際には自殺既遂者の多くが死亡前に何らかの形で死の意図を他者に伝え
ている。ただし、実際の事例においては、死の直前ではなく、数か月以上
前に「死の意図」が表明される場合もある。言い換えれば、「死にたい」と
言われたときこそが、重要な介入のチャンスなのである。

　また、先に述べた通り、自殺の危険の高まった人は「自殺することが唯
一の解決方法である」といった偏った考え方を有することが知られている。
こうした心理状態に陥っていると、周囲からは大した問題に見えなくとも、
本人は当該の問題にひどく囚われているといったギャップが生じやすいの
で、問題を過小評価しないよう注意が必要である。

　同様に、「自分で自分の健康や身の安全を守れない状態」が見られること
も自殺リスクの高まりを表すサインであるとされている。たとえば、不注
意で事故や怪我を繰り返す（事故傾性の高まり）、自らケンカをふっかけるな
どの危険行動、突然の失踪・家出などの行動がこれに当たる。学校ではし
ばしば「わがままな行動」として指導の対象になることがあるが、こうし
た行動の背景にある意味を十分探索し、「心の調子の悪さ」を示すサインと
して支援を検討する必要がある。

　さらに、繰り返される自傷行為や自殺未遂については、傷の程度を確認
し本人がどの程度行為をコントロールできているか、あるいは徐々に致死
性の高い手段や部位に移行していないかを観察する必要がある。また、自
殺未遂の発生後の周囲の人の反応や関わり方についても注意深く観察して
おくべきである。たとえば、家族などの周囲の重要他者が本人に対して救
済的な反応を示さず、「人に迷惑かけずに勝手に死ね」などと暴言を吐いて
しまう場合は、直後の再企図の危険性も高まる。さらに、自殺未遂が発生
した後、仮に本人がすっきりした様子であっても、それは一時的な落ち着
きである場合もあるため、気を抜かずに関わりを継続する必要がある。

4 危機対応時における話の聴き方

　では、実際に児童・生徒から「死にたい」と言われた場合や、自傷行為に気づいた場合、教員はどのように対応したらよいだろうか。最初に行うべきことは、本人を1人にせず、「身体的な安全を確保する」ことである。特に電話などで相手の状況がわからない場合には、薬物による酩酊状態にないか、危険な場所にいたり、凶器を持ったりしていないかなどを確認し、必要に応じて速やかに警察や救急車を呼ぶべきであるし、凶器を持っている場合にはそれらを物理的に遠ざけるよう説得を試みる必要がある。

　身の安全を確認し、話し合いに入ったならば、話をそらしたり、「死んではだめだ」や「自分を傷つけてはいけない」などと叱責や批判をしたりせず、まずは時間をかけてじっくりと話を傾聴し、共感と支持を表明することが先決である。また、安易な励ましをしたり、やみくもな前進を訴えたりすることも逆効果である。むしろここでは静かで穏やかな態度で正直な気持ちを告白してくれたことをねぎらうことによって、「自分の気持ちを正直に語ることが良いことである」というメッセージを伝えるとともに、「あなたのことを心配している」と伝え、継続的な支援を約束する方が望ましい。この段階では教員が児童・生徒の「死にたい気持ち」から目をそむけず聞くといった真剣な姿勢を示すことが重要であり、解決に向けた協同作業を進める第一歩として大切なプロセスである。

　また、先にも述べた通り、自殺には複数の要因が関連している場合が多く、他の専門的な援助資源に本人をつなげることが必要となることがある。しかし、自殺念慮者は注意力・判断力・記憶力などの低下によって、助言通り援助資源を活用する力を失っていることもあるので、支援する者がその場所まで同行したり、本人と一緒に電話をかけたり、あるいは説明した内容の要点をメモにして渡すといった普段よりも丁寧な対応が必要となる。

　なお、自殺予防や自傷行為の対応においては、支援する側が1人で問題を抱えない仕組みを作っておくことが必要である。そのためにも、自殺のリスクの高い人や自傷行為を繰り返す人と出会った初期の段階で、他の人と情報を共有することについて可能な限り本人の同意を得ておくことが望

ましい。また、本人が情報共有を渋った場合にも、誰だったら情報を共有
してよいか、どんなことなら話ができるかについて粘り強くよく話し合う
ことが必要である。最終的にどうしても同意が得られない場合であっても、
「命が危険だと私が判断した場合には、他の人と情報共有する」ことを宣言
しておくとよいだろう。

5　自殺が生じた後の対応

　児童・生徒の自殺を論じるうえで忘れてはならないのが、先にも示した
自己破壊的行動の「伝染」あるいは「群発自殺」と呼ばれる問題である。思
春期は他の年代に比べて自殺行動が群発する危険の高い時期であり、メディ
アによる自殺報道から大きな影響を受けるだけでなく、家族や周囲の友人
の自己破壊的行動によっても影響を受けやすい。

　中でも、学校における重要な課題の1つは、児童・生徒の自殺が生じた
後の対応である。近年では、自殺発生後の集団への危機介入に際して、適
切な支援につなげるための心理教育の重要性が強調されており、表9-2 の
ような基本指針も示されている（Jordan & McIntosh, 2011, pp. 157-178）。

　この基本指針の重要な目的の1つは、自殺者への心理的同一化や手段の
学習による自殺行動の伝染を防ぐことである。たとえば、「いじめが原因

表 9-2　組織内で自殺が発生した後の対応の基本指針（心理教育のあり方）

1）自殺の原因は単一でなく、複雑であることを強調する
2）自殺という死因は伝えても、自殺の手段は強調してはならない
3）死を美化したり、故人を悪者にしたりしない
4）死別経験後の一般的な悲嘆反応について伝える
5）自殺と精神疾患との関連性や心理的視野狭窄について説明し、重症化して判断力が低下する前に支援を求める必要があることを伝える
6）自殺以外の解決方法があることを強調する
7）利用可能な援助資源を明確に示し、助けを求めるやり方を教える

で自殺した」といった具合に自殺の原因を単純化して伝えることや、単一の背景要因と自殺行動とを因果関係で結びつける言葉を使用することは、現在いじめの被害に遭っている子どもが自分の境遇を自殺で亡くなった人と過度に同一化させるリスクを高める危険性があるため、自殺の伝染防止のためには、むしろ自殺に至る背景要因が複雑であるとの認識を伝えることが必要である。ただし、この説明は遺族に「いじめを隠しているのではないか」といった不信感を抱かせるきっかけにもなり得るため、前もって遺族に対して学校側の意図を正確に説明しておく必要がある。

　なお、情報伝達において正確に伝えたい重要事項（たとえば、葬儀日程、死別後の心身の状態変化、自分でできるリラックス法、相談先の情報など）は紙ベースで配布する方が望ましい。また、情報伝達により、児童・生徒が不安定な状態に陥ることが想定されるため、情報の伝達や心理教育は、全校集会や放送で行うことを避け、児童・生徒１人ひとりの様子が観察可能な小グループ（クラス単位など）で行うべきである。

6　まとめ──「相談」は１日にして成らず

　自殺や自傷行為は社会的規範の観点から見れば、確かに不適切な問題行動かもしれない。しかし、ここまで見てきたように苦しんでいる本人の視点に立てば、困難を終わらせたり、不快な感情を解消したりするのに「役に立つ」行動でもある。したがって、子どもの自殺や自傷行為の予防とは、子どもたちに人生の中で自殺や自傷行為以外の方法で苦しみに対処できるようになってもらえるよう、いわば学校をその練習の場として活用しながら、長期的視点で取り組む課題であると言えよう。

　では、この長期的視点に立った自傷・自殺予防の取り組みとはどのようなものだろうか。本章のまとめとして、ここでは近年提示された自殺行動の理論をもとに、筆者の考える取り組みの方向性について触れておく。

　ジョイナー（Joiner, T. E.）ら（2009, pp. 3-25）は『自殺の対人関係理論（*The Interpersonal Theory of Suicide*)』の中で、自殺の発生に関連する要因を「身に

ついた自殺の潜在能力」、「所属感の減弱」、「負担感の知覚」の3要因に集約した。1つ目の「身についた自殺の潜在能力」は痛みや恐怖への慣れをあらわす概念であり、自傷行為や自殺未遂、あるいは暴力被害や事故などを繰り返し経験することによって獲得される自己危害への耐性であるとされる。また、「所属感の減弱（孤独感・疎外感）」と「負担感の知覚（自分はお荷物で役に立たないという感覚・自尊心の低下）」は自殺願望の2つの側面であり、両者とも対人関係に関連した心理状態であるとされている。このうち、ジョイナーが初期介入として重視している要因が後者の「所属感の減弱」と「負担感の知覚」であり、周囲の人の支援（つながり）や自身の対処能力（「自分にはできることがある」という感覚）を認識してもらうことが対策として有効であると考えられている。

　この目標を学校に引きつけて考えてみると、児童・生徒が困ったときに助けを求められるような場面を増やしていくことが重要であると言い換えられるかもしれない。そのためには、まずもって児童・生徒が「助けて」という気持ちを発信しやすい「環境作り」が不可欠であり、教員や地域の大人が子どもの話に十分耳を傾けられるようになることが求められる。

　もちろん、「助けを求められる場面」が増えるには、子ども自身がさまざまなセルフヘルプ（自助）のスキルを身につけること、とりわけ死にたくなったり自傷行為をしたくなったりするような困難に直面したときに、協力して問題解決に取り組んでくれる周囲の大人に助けを求められるようになることも重要である。

　ただし、「相談」という行動は大人が思っている以上に子どもたちにとって難しい行動である。彼らの援助要請行動を促進させるためには、単に「相談に行きなさい」と伝えるだけではなく、利用可能な援助資源を具体的に示すとともに、その場所に相談に行ったときには何と言って話し始めればいいのか、あるいは相談に行くと誰がどのように対応してくれて、どのような問題解決に役立つのか、その後の問題解決プロセスはどのような経過をたどるのか、などといったおおよその見通しを伝えつつ、スモールステップで他者への頼り方を学んでいく必要がある。

トピック ピアスをあけまくるのは自傷行為？

　自傷行為とは一般的に文化的に認められない行動であるが、世界中を見渡してみると、割礼などの身体を傷つける行為が一種の儀礼として存在している場合があり、これらは通常自傷行為とは呼ばれない。つまり、身体を傷つける行動が自傷的と言えるかどうかは、社会的文脈の影響を受ける。

　ピアスについては、一昔前の日本社会では「親からもらった身体を傷ものにするとは何事か！」という風潮があったものの、現代ではファッションの1つとして広く社会に受け入れられていることから、それ単独で自傷行為とは言えないだろう。しかしながら、人によっては自傷行為と同じく不快感情への対処を目的としてピアスの穴をあける人もいるので、特にリストカットなどの自己破壊的行動が併存している子どもの場合には、ピアスの穴をあけるという行動にも注意を払う必要があるかもしれない。

引用文献

Joiner, T. E., Van Orden, K. A., White, T. K., et al.（2009）. *The Interpersonal Theory of Suicide : Guidance for working suicidal clients.* APA.
（ジョイナー，T. E.，ファンオーデン，K. A. & ホワイト，T. K. ほか著　北村俊則監訳（2011）. 自殺の対人関係理論──予防治療の実践マニュアル　日本評論社）
Jordan, J. R. & McIntosh, J. L.（2011）. *Grief After Suicide : Understanding the Consequences and Caring for the Survivors.* Routledge.
松本俊彦（2009）. 自傷行為の理解と援助──「故意に自分の健康を害する」若者たち　日本評論社

考えてみよう

　実習先の生徒から自傷行為を繰り返していることを打ち明けられたが、親や担任には秘密にしてほしいと頼まれた。あなたがこの生徒にかける具体的な言葉を考えて記述してみよう。

本章のポイント

　厚生労働省が毎年発表する児童相談所の児童虐待相談件数は増加し続けており、重大かつ悲惨な事件も後を絶たない。被害を受けた子どもは、身体的、心理的、認知的、行動面など多岐にわたって深刻な影響から長期間解放されない。2000年に制定された「児童虐待の防止等に関する法律」は2020年に改正され（5回目）、関連深い児童福祉法（2019年改正）も同年に施行、2022年にはさらに一部が改正された。これらの改正に関する政府の基本方針は、「子どもの権利利益を擁護すること」であり、その改正内容は虐待被害の発生予防と早期発見に対して、より一層の重点が置かれることとなった。

　本章では、児童虐待に関する基本的な理解に加えて、法改正に伴う新しい知見も取り上げる。

1 児童虐待とその定義

　児童虐待は、国際的に重大な社会問題の１つである。日本語で「虐待」というと激しい行為の印象が強いが、原語の "Child Abuse" は、子どもが子どもとして適切に扱われない、という意味で使われている。また、「マルトリートメント（maltreatment）」（＝不適切な養育）という用語も使われる。本章では、「マルトリートメント」の概念も含めて「虐待」と記述する。

A 児童虐待の定義

　心理学辞典（中島他，1999）では、「虐待」を「相手に暴力を加えたりセックスを強要するなどの身体的虐待と暴言を浴びせたり無視をするなどの精神的虐待」と定義し、一方的で理不尽な支配関係を指摘している。厚生労働省（以下、厚労省）は、2000 年 5 月に「児童虐待の防止等に関する法律」（以下、児童虐待防止法）を制定した。その後 5 度の改正を経て 2020 年 4 月に施行された同法が原稿執筆現在（2022 年）で最新である。同法では、虐待を国際的に共通する以下の 4 種別、①身体的虐待、②性的虐待、③ネグレクト（かつては、保護の怠慢・ネグレクトと表記）、④心理的虐待に分類している。

B 虐待の 4 種別

　「身体的虐待」とは、児童の身体に外傷が生じる、または生じる恐れのある暴行を加えることである。具体例：蹴る、投げ落とす、首を絞める、熱湯をかける、溺れさせる、異物を飲ませるなど（日本弁護士連合会，2022）。

　「性的虐待」とは、児童に猥褻な行為をすること、させることである。具体例：子どもへの性交、性的行為（教唆を含む）、子どもの性器を触る、保護者の性的行為場面やポルノ・AV などを見せる、被写体にする。また、性器を子どもの口内などに入れるなど、大人が一方的に性的満足を得ることも含まれる。

　「ネグレクト」とは、児童の正常な心身の発達を妨げるような著しい減食または長時間の放置、保護者以外の同居人による同様の行為（2004 年、児童虐待防止法の改正で、虐待者に同居以外の者も含まれることとなった）のことである。

いわば、子どもの健康や安全に必要な「世話」の欠如を指す。具体例：不十分な衣食住、教育を受けさせない（子どもが望むのに登校させない→特に義務教育において重要課題）、情緒的な関わりの放棄・欠如、遺棄（同居人以外の同様の行為を止めないことも含む）。虐待のサインとして、いわゆる成長障害（年齢に応じた体格とのずれが著しい状態）も認識の中に入れておきたい。

「心理的虐待」とは、子どもの安心感、自尊心を傷つける行為、子どもの心身に有害な影響を及ぼす言動などである。具体例：継続的な脅し、拒否、罵倒、他きょうだいとの差別、拒否、無視など。さらに配偶者やその他の家族に対する暴力・暴言（ドメスティック・ヴァイオレンス＝DV）の目撃（Hobbs, et al., 1999）も含まれる。

児童虐待防止法 2020 年の改正では虐待者の定義に保育を担う者や施設に従事する者など生活支援、教育に携わる者、医療的関わりを行う者等、親以外の第三者が含まれる。さらに、特殊な虐待類型として以下がある。①虐待が疑われる乳幼児頭部外傷（Abusive Head Trauma in Infants and Children: AHT［以前のSBS乳幼児揺さぶられ症候群］）は重度の身体的虐待である。②代理によるミュンヒハウゼン症候群（Munchausen Syndrome By Proxy: MSBP）：意図的に子どもを病気にしたり、病気であると虚偽の訴えをしたりする。検査や治療を受けることを目的として自分の病気を捏造するミュンヒハウゼン症候群とは異なる。③医療ネグレクト：必要な医療を受けさせない（日本弁護士連合会，2022）。

以上を概観すると、児童虐待とは親が親としての責任を全うしない行為であると言える。

2　児童虐待の歴史

中世以前では子どもは言わば大人の「所有物」とされ、「嬰児殺しなどに代表される殺害」「遺棄」「身体的折檻・暴力的な支配」「子ども買春などを中心とする性的な人権の搾取や人身売買」などが行われていた。現在では、1990 年に国際条約として発効された「児童の権利に関する条約（子どもの権

利条約）」で、「生きる」「育つ」「守られる」「参加する」ことなどに支援の重点が置かれるようになったものの、現実的には子どもが理不尽に扱われる事案はなくなっていない。

　虐待問題は、1874年米国で起こった義父母による「メアリー・エレン・ウィルソン虐待事件」が最初と言われている。その後、1962年には小児科医ケンプ（Kempe, C.H.）とその仲間が、親の暴力により外傷を受けた子どもについての論文 "The Battered Child" をアメリカ医学誌に発表した（Hobbs et al., 1999　稲垣・岡田訳　2008, pp. 13-14）。英国では、19世紀から育児放棄、身体的、性的虐待等の児童虐待の対策に着手し始め、後に非行対策も加え子どもへのケアワークが開始された。そして、1973年「マリア・コーウェル虐待事件」を経て、1989年の「子ども法」制定などに続いた（Corby, 2000 萩原訳　2002, pp. 33-90）。わが国では、1933年の貧困問題に重点を置いた旧児童虐待防止法制定の後、1948年、第二次世界大戦後に戦争孤児の救済を目的として施行された新たな児童福祉法で "子どもの支援" が認識され、養護施設（前孤児院）が設立された。

3　統計に見る児童虐待の現状

　厚労省発表の全国の児童相談所での児童虐待相談対応件数は増加し続けている。2021（令和3）年度の速報値では前年比101.3%の207,659件（2020年度は205,044件、2019年度は193,780件）である。2011年度は59,919件であった。2021年度の調査結果を虐待の種別で見ると、「心理的虐待　60.1%」、「身体的虐待　23.7%」、「ネグレクト　15.1%」、「性的虐待　1.1%」となる。この傾向は、2013年度以降変わらない。また、2020年度厚労省発表の同調査の結果では、「虐待者」は実母、実父が大半を占め、「相談経路」は、2012年度以降警察からの相談が最も多い。

4 虐待被害が子どもに及ぼす影響

A 虐待に関する理論

フロイト（Freud, S.）は幼年期の性的暴行被害と、後年の精神疾患の発症に関係を見出している（Hobbs et al., 1999　稲垣・岡田訳　2008, p. 13）。その他の理論には、ボウルビィ（Bowlby, J.）のアタッチメント論や、エリクソン（Erikson, E.H.）の心理社会的発達理論、基本的信頼感、アイデンティティ、エインズワース（Ainsworth, M.D.S.）らの「新奇場面法（strange situation test）」という測定法、1980年代以降のスターン（Stern, D.）の社会的相互作用、フォナギー（Fonagy, P.）の愛着論や、ハーマン（Herman, J.）らの虐待のトラウマからの回復に焦点化した報告などがある。また、親から子へ虐待行為が連鎖する世代間伝達（世代間連鎖）も認められている。加えて、脳科学の視点からの被害の深刻さなどの研究報告も増えている。

日本臨床心理士会は虐待による心理、認知発達、身体の状態への影響を、①身体そのものと身体発育、②心的発達、③心的外傷体験と喪失体験の後遺症、④不適切な刺激への曝露の4点から概観している（日本臨床心理士会, 2013, pp. 11-14）。具体的には、「身体状態に関する影響（外傷、内科疾患その他の疾患）」「身体・認知発達・知的発達」「精神疾患関連」「社会性、対人関係的側面」「基本的生活習慣」「衝動のコントロール」「対人関係の構築と維持」「暴力」「逸脱行為」「性」、そして「安心感や信頼感」などである。ヴァン・デア・コーク（Van der Kolk, B.A.）は「トラウマ（心的外傷）体験は自分の人生へのコントロール感を失っていくこと」だとし、フェレンツィ（Ferenczi, S.）は、1932年に発表した論文で「大人の過度な力と権威は子どもたちを黙らせ、正気を奪う。不安は極限状態になると侵略者の願望を見抜き、それを満足させるために自分を服従させ、自分を失って侵略者と同一化する」と述べた（Gil, 2011　小川・湯野訳　2013）。また、トラウマには体験直後に生じる急性のトラウマ反応（Acute Stress Disorder: ASD）とPTSD（心的外傷後ストレス障害 Post Traumatic Stress Disorder）があるが、日常的な不安とは異なり長く深刻な状態を呈し、社会生活などが一変する重大事である。また、トラウマの要因は①単回性のトラウマ（一度きりの事件・事故、大

災害など）と、②反復性のトラウマ（虐待やいじめなど長期にわたるもの）とで区別される。

B　虐待被害の影響

　虐待経験は子どもの自己肯定感を低下させる。ハーマン（Herman, J.L.）は、このような PTSD に特徴的な症状を、以下の 3 つのカテゴリーに分類した。①過覚醒：長期間にわたり警戒体制にあること。②侵入：何度も同じような場面を再体験し、恐怖や不安を持続する。③狭窄：体験後無力化状態、まひ状態のようになり、似たような状況を回避する（Herman, 1992, p. 49）。

　また、虐待を受けた子どもには、生き残るための過剰な防衛機制として、①解離と②攻撃者への同一化が多く起こる（ラニャード他 2009, 平井他訳 2013, p. 382）。

　虐待の被害の特徴的症状は「他者（特に大人）も自分も信頼できない、諦観（あきらめ）、低い自尊感情・自己肯定感、強い不安、恐怖、気分が不安定、欲求を抑えられない」などで、結果として対人関係にも支障をきたし、怠けているわけではないが、困難に耐えたり頑張ろうとしたりすることができない。無気力、自暴自棄的で自傷行為も起こりうる。さらに、多くの場合、身体的な飢餓状態を経験する。これは、かなり深刻な経験となる。

　また、ラニャードら（ラニャード他 2009, 平井他訳 2013）は性的加害の場合、虐待者は「これは 2 人だけの秘密。誰にも言ってはいけない」と脅し、被害児童は心身硬直と激しい恐怖心から事実を言えず、長く回復できないと指摘した。

5 ● 虐待発見の機会

　学校生活や相談の場で虐待被害を発見、把握することは簡単ではない。幼稚園や保育園、学校などでは、身体の傷やにおい、衣服の汚れなどで気づく場合もあるが、イライラや落ち着きのなさ、暴力、過度な積極性や消極性、忘れ物が多いことやぼーっとしている、理由が判然としない遅刻や

欠席が多い、新規の他者に対し無差別な愛情欲求を示す、などは性格とみなされがちで発見されにくい。虐待疑いによる通報後も、子どもは親をかばい虐待の事実を隠したり、悪いのは自分だと考えたりする。一方、「目の前でタバコを吸っても親は何も言わない」「家に帰らなくても叱られない」など無関心・無視への落胆を表現することもある。さらに、年齢不相応に親の代役を務めるなど親と子の役割が逆転している場合も多く報告される。

　高リスクの親は、子どもは親が支配して当然と認識していたり、本人に感情の抑制力が備わっていないなど心理的未熟さが垣間見られたりする。また、親自身が生活スキルを身につけておらず、家事・育児が投げやりであったり、貧困等の場合に活用できる福祉制度を知らなかったりもする。さらに、親の事情から戸籍がない子どももおり、関係者の尽力で学校教育を受けられても無戸籍であることを見落とされる場合がある。

6　虐待被害からの回復——心理療法

　虐待被害からの回復では服薬などで医療の助けを得たり、心理療法によって専門家が支援を行ったりする。主な方法としては、表現療法（プレイセラピィ＝遊戯療法、アートセラピィ、箱庭療法）、認知行動療法などがある（Gil, 2011　小川・湯野訳　2013, p.5）。少し年長なら精神分析的心理療法も有効である。緊急性が高い場合を除き、子どもが安心できる体験をすることが基本で、大人や自分自身への信頼を回復させることが肝要である。他にも、トラウマ回復療法・ポストトラウマティックプレイや曝露療法、セカンドステップ、EMDR（Eye Movement Desensitization Reprocessing＝眼球運動による脱感作と再処理法）など多数ある。2000年以降では、リヴィー（Levy, T.M.）の修復的愛着療法もある。いずれも支援者は専門的トレーニングが必要である。

7 子どもを守る法律と公的支援

A 法律

　2004 年、児童虐待防止法等の改正で、虐待被害疑いの際の通告先として、それまでの「児童相談所」に「市町村」が加わり、通告対象となる児童が「虐待された児童」から「虐待を疑われる児童」になった。

　2020 年の 5 回目の児童虐待防止法改正のポイントは、厚労省ウェブサイトに詳しいが、主となるのは、①児童の権利擁護、②児童相談所の体制強化、③関係機関の連携強化である（中央法規出版編集部, 2022）。重要な点は、①親権者の子どもへの体罰禁止や、親権者の過度な懲戒禁止（民法で親権者の「監護権」「教育権」「懲戒権」などが明記されていた＝一部改正済み）の他、社会的養護の表記を社会的養育とすることで、里親や特別養子縁組、児童養護施設の小規模かつ地域分散化、子どもの自立に向けた支援の強化などが表明されている。また、従来以上に虐待被害の早期発見のための努力も明文化されている。それに加えて、相談窓口の周知・徹底、学校等における相談体制の強化が盛り込まれ、スクールカウンセラーやSNS活用の充実化も謳われている。相談窓口の電話番号は189で、"いちはやく"と読み、通話無料である。なお、現在では従来の規定に加え、学校教職員の守秘義務も強調されている（日本弁護士連合会, 2022）。さらに、DV防止法との連携には、子どもの被害を見落とさないようにという視点が反映されている。

　付記すると、児童虐待に関連する法律には、児童福祉法（2020 年改正、2022年一部追加改正）や、精神保健福祉法（1995 年施行、2014 年改正）、民法（1896 年、1947 年全面改正、2020 年一部改正［成人年齢引き下げなどの関連］）等がある。

B 公的支援

　虐待を懸念し、児童相談所および市町村に通報をすると児童相談所の児童福祉司の調査が入り、事例検討が行われる。検討の中には、精神科医や児童心理司による心身の専門的な調査も含まれる。必要があれば、子どもは一時保護所に保護され、親には適宜指導が行われる。改善が認められない場合、施設への措置などの社会的養育（養護）となる場合や、指導支援の

もと親元に帰る場合もある。

　社会的養育（養護）とは、当初、第二次世界大戦の敗戦後の孤児院（現在の児童養護施設）を中心とした、虐待環境下の子どもたちへの支援を目的とした対策の1つであった。その支援の内容としては"里親"と"児童福祉施設"の2つがあり、前者には、"養子縁組"、"養育里親"、"専門里親"、"親族里親"、"ファミリーホーム"の種類があり、後者には、"乳児院"、"児童養護施設"、"児童心理治療施設"、"自立援助ホーム"がある。

　さらに、現在では、性的虐待や性被害、貧困、ヤングケアラー（未成年・児童期の親の看護）などといった不適切な養育環境にある被害児童への支援として、NPOなどの民間の施設が少しずつ増えてきている。子どもたちにとって、"居場所"があることの重要性が認識され始めていると言える。

　それぞれの専門的立場で虐待を受けた子どもに関わる際には、虐待により被った心理的な苦しい状態は簡単には消えず長く続くこと、被害による影響は現れ方が一様ではないこと、可視化できる行動のみを修正しようとすると心の傷を深めることが少なくないこと、幅広い支援が必要であることなどに気をつけるとよいだろう。

■トピック■「トー横キッズ」

　日本きっての大繁華街東京新宿の歌舞伎町のビル周辺に若者たちが2015年頃からたむろするようになり、ビルの名称から「トー横キッズ」と呼ばれ出した。同様に大阪の「グリ下キッズ」や福岡の「警固界隈キッズ」などもある。若者たちは、援助交際や暴力行為、傷害事件、オーバードーズ、自死など、問題行動を起こすこともある。彼らは、家庭や学校等に居場所を持てず、その地に逃げるように集まって来て、必死で他者とのつながりを求めている。その心の隙を狙った犯罪に巻き込まれる場合もある。こうした若者たちの背景には、親からの虐待などの経験がある場合が少なくない。責められるのではなく支援されるべき存在である。

引用文献

Corby, B. (2000). *Child Abuse: Towards a knowledge Base.* 2nd ed., Open University

Press.

（コービー，B. 著　萩原重夫訳（2002）．子ども虐待の歴史と理論　明石書店）

Gil, E.（2011）．*Helping Abused and Traumatized Children: Integrating Directive and Nondirective Approaches.* The Guilford Press.

（ギル，E. 著　小川裕美子・湯野貴子訳（2013）．虐待とトラウマを受けた子どもへの援助──統合的アプローチの実際　創元社）

Herman, J. L.（1992）．*Trauma and Recovery.* Inc., New York

（ハーマン，J.L. 著　中井久夫訳（1996）．心的外傷と回復　みすず書房）

Hobbs, C. J., Hanks, H. G. I. & Wynne, J. M.（1999）．*Child Abuse and Neglect.* 2nd ed., Harcourt Brace and Company.

（ホッブス，C. J.，ハンクス，H. G. I.，ウェイン，J. M. 著　稲垣由子・岡田由香訳（2008）．子どもの虐待とネグレクト　日本小児医事出版社）

Lanyado, M. & Horne, A.（2009）．*The Handbook of Child and Adolescent Psychotherapy.* Routledge.

（ラニャード，M・ホーン，A. 著　平井正三・脇谷順子・鵜飼奈津子監訳（2013）．児童青年心理療法ハンドブック　創元社）

中島義明他（1999）．心理学辞典　有斐閣

日本弁護士連合会子どもの権利委員会編（2022）．子どもの虐待防止・法的実務マニュアル（第7版）　明石書店

一般社団法人　日本臨床心理士会第2期福祉領域委員会社会的養護専門部会（2013）．臨床心理士のための子ども虐待対応ガイドブック　日本臨床心理士会

中央法規出版編集部（2022）．キーワードでわかる児童虐待防止法ガイドブック　中央法規出版

厚生労働省ウェブサイト（2022）．児童虐待相談対応件数
https://www.mhlw.go.jp/content/000863297.pdf

厚生労働省ウェブサイト（2022）．児童虐待の定義と現状
https://www.mhlw.go.jp/stf/seisakunitsuite/bunya/kodomo/kodomo_kosodate/dv/about.html

考えてみよう

国際子ども虐待防止学会は、The International Society for the Prevention of Child Abuse and Neglect と言い abuse と neglect を分けた表記になっている。その理由を考えてみよう。

本章のポイント

　保護者をどう支援するかは、教育相談におい
て重要な視点である。しかし保護者を指導する
といった姿勢ではなく、保護者とチームを組み
協働で児童・生徒の支援をするといった考え方
が重要となる。その支援を円滑に進めるために
は、①保護者をチームの一員と考える、②ワン
ダウンの姿勢、③ねぎらいの重要性、④既にで
きていることに注目、⑤ゴール設定、⑥家族シ
ステムのアセスメントなどがポイントとなろう。
本章ではそれらの点をふまえながら、小学生と
中学生の事例を示しつつ、具体的に保護者支援
をどのように進めていけばよいか検討する。保
護者支援の方法は、基本的にはコミュニティ支
援チームの支援のあり方と似たところがある点
も指摘したい。

1 保護者の存在

　教育相談において、保護者の存在をどう考えるかは非常に重要である。そもそも教育において保護者の果たすべき役割は非常に大きい。児童生徒が抱える問題の解決に、保護者の協力が欠かせないことも多い。一方、児童生徒の悩みの原因の1つが、保護者であるといった場合もある。

　よって教育相談において、本人と保護者との関係のアセスメントが重要となる。本人と保護者との関係が、今現在の問題とどう関連しているのか、見立てることは重要である。また、解決策を考えていくうえで保護者の協力をどう得ていくのか、見通しを持つことも肝要である（黒沢・森・元永, 2013）。状況によっては、本人からではなく保護者から相談が持ち込まれる場合もある。不登校などで本人が学校に来ることができない場合や、本人が相談を受けることを拒否している場合である。しばらく保護者だけの支援を続け、ようやく本人が相談するようになったという展開もある。「（相談に乗ってくれる先生は）どんな先生か私が先に見てこよう」と本人に相談することを告げたうえで、保護者が相談に来ることもあれば、「本人には絶対秘密にしてほしい」と言ってようやく来談する人もいる。もちろん前者の方がその後の展開がスムーズに行く場合が多いのであるが、それぞれの事情に充分配慮したうえで支援を行う必要があるため、後者のような持ち込まれ方もまたあることを充分にふまえて対応を考える必要がある。

　児童生徒本人のみの相談を受けていて、どうしても保護者とも連携しなければならない場合がある。たとえば、本人に希死念慮があり、その現実味が高まっている場合などである。本人の承諾を得たうえで保護者に連絡を取りたいところであるが、本人の安全を守るためには、了解が得られなくても、保護者と現状の困難さを共有し、その後の対応を充分な連携のもとに行うことがある。この場合、学校管理職への報告も必要となる。

　このように保護者の存在は、教育相談において常に充分に考慮する必要がある。また本人の直面した困難を共有し、そしてどんな状況においても本人の成長促進をもたらす、学校スタッフの重要かつ強力なパートナーとして保護者が位置づけられることを、まずここでは強調したい。

2　保護者支援のポイント

A　保護者を支援チームの一員として位置づける

　児童生徒の問題は保護者の育て方に原因がある、という考え方に教育関係者はなりやすい。その考えに立てば、保護者は指導の対象となる。また保護者自身も子どもの問題は自分に責任があると考えやすい。日本は成人した子どもの不祥事に親が頭を下げて謹慎する文化である。知らず知らずのうちに親原因説に私たちの思考は慣らされている。

　しかし視点を変えれば、保護者という存在ほど、子どもの成長促進に大きな影響を与える存在はいない。ほぼ毎日接して時間やコストもかけた支援をしてくれる存在である。そのような他にはない存在に充分にその役割を担ってもらえるように、どう働きかけるかが専門家である学校関係者の腕の見せ所である。つまり、保護者は指導の対象ではなく、チームの一員であり協働のパートナーである（石隈, 1999）。保護者をチームの一員と考えることで、児童生徒への支援をめぐって保護者と教員が対立する事態を避けられる。たとえば、生徒本人にもっと厳しくしてほしい保護者と厳しくしすぎて潰れかけているのでもっとゆとりを持たせたい担任とが、その指導方針の違いで対立することがある。その場合、厳しいのは問題だと担任が保護者を指導しようとしてもうまくいかない。チームを組んで、担任は厳しめにやるので、家では少し休ませて保護者が本人の味方に立ってあげてください、そんな役割分担で始めてまた情報共有しましょう、と言って進めた方がはるかに有効だし、保護者も担任も気持ちが楽になる。

B　ワンダウンの姿勢

　チームを作るうえでも最初の関わり方は重要である。教員が保護者に関わるときは、まずはワンダウンの姿勢、つまり低姿勢で謙虚な気持ちで保護者の話を聞かせてもらうのがよい。子どもに常に向きあっているのは保護者である。子どもが生まれてさまざまな苦労や喜びがあり今を迎えているわけである。その努力やかけがえのない関わり合いを尊重し、その経験から出てくる保護者の言葉について重みを持って聞く姿勢が重要である。

C　ねぎらいの重要性

　保護者の語りをじっくり聞かせてもらえば、親としての思いの深さや苦労、また子育てに要した時間や労力、その他さまざまなことについて気持ちを動かされていくだろう。それらをねぎらいとして伝えたい。

　そもそも保護者が相談のために来校したのなら、相談に来られたということだけでもねぎらいたいところである。来談することだけでも保護者にとっては大変な作業であろう。また子どものことを語るだけでも多くのエネルギーを要することで簡単なことではない。相談に応じる側がしっかりと保護者の実情を把握したうえで、その実情についてねぎらうことで、保護者からより深い重要な情報が得られることにつながるであろう。

D　既にできていることに注目

　保護者の普段の様子を見聞きしたり、保護者の語りを聴く中で、保護者のできていないことに周囲は注目しがちであるが、それは一面的なまなざしである。既にできていることに注目し、社会資源としての保護者、チームの一員としての保護者をしっかりと捉えたい。これにより保護者に今後どのような力を発揮してもらえるかについて明確にすることができる。

　支援チーム内で保護者が既にできていることに着目できれば、子ども本人のできていることにもチーム内で注目しやすくなる。これは子どもが既にできていることへの保護者の眼差しにもつながる。できないこと探しで悪循環となっている本人と家族との関係を改善するきっかけになり得る。

E　保護者相談のゴール設定

　教育相談自体が、何を目指して相談するのかというゴール設定が重要であることは既に強調されている。保護者相談も、この場（相談の場）で何を目指すのか、子どもにどうなってほしいのか、そのためにこの場でできることは何かについて、つまりゴールについて話し合うことが肝要である。

　このゴール自体はそう簡単に達成できるものではないが、そのゴールを明確にするだけでも保護者にとって貴重な作業となる。またそのゴールに向けて、保護者としての心づもりが見出せるだけでも、相談の意味があろう。支援チームが明確になり、保護者が孤立していないこと、そして保護

者がどのような役割をとればよいか整理されるだけでも、保護者は安心するのかもしれない。相談＝問題解決ではない、ことを充分に意識したい。

F　家族システムのアセスメント

　保護者支援を行ううえで、起きていることを家族システムからアセスメントすることが、役立つ場合も多い（吉川編，1999）。たとえば不登校の子どもがいる場合、両親との関係にどのような影響が出ているか、兄弟と母親との関係はどう変化しているか、といった視点である。

　また保護者が学校に相談を持ち込むことで家族関係がどのように変化するかという視点での検討も重要である。実際、母親の育て方が悪いという姑からのプレッシャーに対する疑問を確かめるために母親が来談することもあろう。父親をもっと巻き込みたいという思いがあり、学校に相談を持ち込むこともあろう。それらを充分に考慮しながらも、そのような意図に巻き込まれないためにも、また巻き込まれた方が意義があるといった判断をして動くためにも、相談のゴールを明確にすることが重要なのである。

3　保護者との連携に工夫が必要であったケース

　小2男子Aくん、学校で興奮して弱い子に手をあげることがクラスで起きるようになる。担任が止めても収まらず教室を飛び出すこともあり、担任が保護者に電話連絡する。母親は警戒した口調で家では暴力をふるうなどの問題はないと言うばかりで、逆にAくんは悪口を言われたと家で訴えており、いじめがあるのではと疑っている。指導が一方的だと母親は不満を口にした。養護教諭の話では、父親が極端に厳しく抑えつけており、だめでのろまだとずっとAくんを叱り続けているらしい。母親も父親に従っており、家では従順なAくんの学校での様子が信じられないようだ。

　そこで担任は、養護教諭と学年主任、スクールカウンセラーと相談し、Aくんが手をあげる状況を観察し、関わりを検討した。その結果、Aくんは教室で急がされたときに混乱して不器用なふるまいをしてしまい、それを

同級生にからかわれて興奮し、近くの大人しい子に暴力をふるっていた。

　そこで担任は、Aくんが急がされる場面（教室移動時など）に寄りそい、Aくんをからかう児童を制止し、Aくんには「ゆっくり落ち着いてやろう」と声をかけ、失敗せずに行動できたときにはAくんをほめ、その情報を母親に報告するようにした。また、担任は、Aくんが生き生きとできている場面をクラスの他の児童にそれとなく伝え、クラス内でのAくんの評価が正しいものとなるように工夫した。この繰り返しの中でAくんの暴力行動は減少するとともに、担任への母親の警戒心も減り、Aくんの不器用さを何とかしたいと焦っていることを、担任に打ち明けるまでになった。

● **解説**　突然担任から連絡があると、保護者は何があったかと身構えるのは当然の反応である。つまり自宅連絡は、かなり強力な介入であることを、教員は肝に銘じる必要がある。逆に言えば、この強力な介入を上手に使えば、かなりの効果が期待できるということでもある。

　できれば事前に保護者会などで、親との信頼関係を築いていれば、Aくんへの関与ももう少しスムーズにいったかもしれない。しかしそれが難しい保護者も多い。その場合、突然の電話でネガティブな情報を伝えるのではなく、Aくんのよい行動や努力している様子などを、まずはしっかりと保護者に伝えたい。Aくんの成長をしっかりと観察している担任であることを保護者にわかってもらったうえで、急ぎ課題となっていること（今回は手をあげるという行為）について話し合うといった工夫が求められる。

　担任が養護教諭や学年主任とチームを作ったのは賢明である。1人の視点では、多面的な検討が難しい場合もある。複数のチームメンバーで慎重に検討し、ご家族にもチームの一員に加わってもらい、Aくんが豊かな成長を見せるためにはどのような学校での関わりが工夫できるか考えていく方向は、困難な課題への対応の原則と言ってもよいであろう。

4　不登校生徒Bさんの保護者への支援

　中1の夏休み明けから不登校となったBさん。パートの母親は何とか学

校に行かせようとするが、Ｂさんは学校に行くためにはとてもエネルギーがいるがそれが足りないといって休む。ようやく午後に少しだけ登校することがあるが、保健室に少し顔を出すくらいでクラスには入れない。

　母親は教育相談担当教員（教育相談員）に相談を申し込み、Ｂさんが何とか登校できるようにしてほしい、担任にやさしく声をかけてほしい、保健室登校をまずさせて少しずつクラスに戻るようにしてほしいと繰り返しの要求が強い。その後電話も頻回にかけて、だらだらと過ごすＢさんにどう接すればよいかと電話で指示を求めてくる。なお父親は母親ががみがみ言うからＢが動かなくなる、少しほっておけばよいと言い、そのことで夫婦喧嘩にもなる。最近は母親も悩みすぎて眠れず寝込んでしまうという。

　教育相談員は、母親の不安が強く、母親からのプレッシャーが、本人を追い詰め悪循環となっていることに気づき、母親の支援が必要と判断し、母親面接を開始した。しかし母親面接が5回ほど終わったところで、「このように私だけが会っていて本人が登校できるのか」「私が求めているのは私へのカウンセリングではない。本人が登校できるようになる関わり方を教えてほしい」と母親は硬い表情で語った。「登校できるようになる方法は簡単には見つからないので一緒に探していきましょう」と教育相談員が言うと、「それを先に言ってほしかった。この間1か月も貴重な時間を無駄にした。こちらにはうかがいません」と母親は言って中断となった。

●**解説**　保護者の相談に応じるにあたって、保護者が何を一番相談したいのかについて、はじめに充分確かめる必要がある。Ｂさんの母親が後に述べた通り、Ｂさんが登校できるようになるための方法を母親は知りたかったのである。そのことを主訴として確認したうえで、教育相談はどのような点で役立つ可能性があるのかについて、相談の初期段階で話し合う必要があった。

　登校できるようになる魔法の方法はもちろんない。しかしすぐにでも登校してほしいと願う母親の心情もまた深いものがある。相談員はそのような母親の心情を汲み取ったうえで、しかし簡単には解決策は見つからないこと、解決の糸口を探すために母親と話し合っていけることなどを、繰り返し提案したい。また担任の協力も得ながら適切な登校刺激について話し合うことも可能であることを伝えてもよいであろう。

　解決の糸口を考えるうえで、母親を含めた家族とＢさんとの関係について詳しく聞くことも必要になるかもしれない。母親の生い立ちや母親のその母親（Ｂさんの祖母）との関係を尋ねることもあるかもしれない。しかしこれらは母親のカウンセリングをするためのものではなく、Ｂさんの置かれている状況を知り、Ｂさんが登校しやすくなる糸口を探すために行う作業であることを、母親と丁寧に確認しながら進める必要があろう。

　さて今回のＢさんの不登校であるが、中学生の不登校については、本人がなぜ学校に行けないか充分に語れない場合が多い。特に家族が「なぜ行けないのか」と詰問している場合、本人が「わからない」の一点張りであるケースも見受けられる。このような場合、なぜ行けなくなったか原因探しをする介入よりも、不登校をすることで何を守ったか、自分が大切にしようと思ったことは何か、その何かを大切にして自分はどうなっていきたいのか、ということを話し合うことの方が重要な場合がある。

　このことを話し合うのは教育相談員でなくてもかまわない。保護者が自宅で本人と話し合えるようになればその効果は大きい。担任や養護教諭でもよいし、友人同士で話し合えればとても貴重な体験となる。教育相談員は、本人がこの不登校を通して何を守ろうとしたのか、保護者自身の考えを問うてもよい。身近にいた保護者にとって、本人の大切にしたいものが何なのか、さまざまな思い出の中から連想してもらえるかもしれない。

　つまり不登校とは、少し立ち止まって、大切なものとは何かについて、本人のみならず保護者、担任、その他周りの大人たちが、じっくり考えることが必要だということを、本人が身をもって示しているサインなのかもしれない。教育相談とは、適応する良い子を育てることのみにあるのではなく、心が豊かになる育ちをさまざまな場面で保証することであり、そのための学校内でのチーム作りが重要、すなわち、不登校となった生徒が本来求めている成長にとって必要となる体験とは何かについて考えることのできるチームが大切であることを重ねて強調したい。

5 教育相談と保護者

　教育相談において、保護者は指導の対象ではない。支援の対象ではあるかもしれないが、大前提として保護者は子どもの支援チームの一員との視点が重要である。これは当たり前のことであるが、実際はなかなか難しい。

　保護者を支援チームの一員として考えることは教育相談に限ったことではない。その学校の理念と教育目標を達成するために保護者の理解と協力が必要であることを、日頃から保護者に働きかけている学校も多いであろう。保護者対象の講演会を企画するなどの日頃からの工夫（伊藤・平野編, 2003）をしておくと、いざ保護者とチームを形成する際に役立つことになる。

　ところでこのチームであるが、学校内のスタッフのみで構成される場合もあるが、抱えている課題が難しい場合、学校外のコミュニティのメンバーも加えたコミュニティ支援チームが形成されることもある。卒業後の支援も必要な場合は、在学中にコミュニティ支援チームを作っておきたい。学校だけでは判断できない問題について、有効なコミュニティチームを円滑に作れる体制がチーム学校が機能するためにも求められていると言えよう。

▊トピック▊ いわゆるモンスターペアレントをどう考えるか？

　学校に無理難題を言ってくる親のことをモンスターペアレントと表現することがある。しかし小野田（2006）は、無謀なことを言ってくる親をモンスターとしてレッテルを貼るのではなく、イチャモンを言ってくるその背後にある心理をどう見出すかが重要と指摘している。「難しい宿題を出して子どもの自信を無くさせるのはやめろ」「子どもの好きなメニューの給食を増やせ」など、身勝手さを感じさせる親からの一方的な要求やクレームは、教員にとってストレスが溜る。毅然としてできないことはできないとはっきりと伝える方がよいという意見もある。

　しかし小野田は指摘する。このようなイチャモンの背景には、親の不安や焦り、孤独などがあるのではないか、そしてこれらの心情をどう理解するかが重要なのではないか、と。たとえば上記の宿題に関するクレームの

背後には、当然勉強が遅れていくわが子への焦りがあろう。宿題や授業の改善がゴールではなく、勉強がわかるという体験を子どもがすること、そして成績が上がっていくことが、親の一番望んでいることである。このような親の本当の訴えに気づくことができたならば、"イチャモン"は生徒本人や家族の心情の理解を深めるためのきっかけであることが明確となろう。

引用文献

石隈利紀（1999）．学校心理学　誠信書房
伊藤美奈子・平野直己編（2003）．学校臨床心理学・入門　有斐閣
黒沢幸子・森俊夫・元永拓郎（2013）．明解！スクールカウンセリング　金子書房
小野田正利（2006）．悲鳴をあげる学校―親の"イチャモン"から"結び合い"へ　旬報社
吉川悟編（1999）．システム論からみた学校臨床　金剛出版

考えてみよう

　高校2年生の女子生徒が昨夜リストカットしたと打ち明けた。詳しく話を聞くと、母親と口論になり、自室で気持ちがもやもやして、気がおさまるまで数回カッターで左手首を切ったとのことである。本人はまたこのようなことが起きるのが怖いと訴えている。このことは親にも絶対知られたくないと言う。母親に知られたら「私（母親）のせいだと取り乱して、それを見た私も混乱してどうなるかわからないから」とのことである。そしてリストカットしたことは誰にも言わないでほしいと担任に語った。

　担任のあなたはどう対応するか？　以下の観点から考えてみよう。

(1)　本人にはどう対応するか？
(2)　学校内スタッフに対してどう動くか？
(3)　保護者に対してどう動くか？　また動かないか？

第Ⅳ部

教育相談における基本的態度

第12章 他者理解の基礎

本章のポイント

　他者の相談を受けるときに私たちは、何か適切な助言をしなければいけない、と焦ってしまうことがある。しかし、相手が何に困っているのかを正確に把握しないまま助言が行われても、その助言は的を射ていないことが多い。そうした助言は、相談者にとって役立たないばかりか、かえって信用を損ねてしまうことさえある。性急な助言の前に、相手の伝えたいことを相手の視点から知ろうとする姿勢が求められている。

　本章では、教育相談の前提となるような、相談を受ける側に必要な態度や姿勢を学ぶ。相談を受ける際の姿勢とともに、他者への信頼を前提とした人間観についても理解を深めてほしい。

1 相談の前提となる他者理解の姿勢

　教育相談が対象とする相談の範囲は幅広い。子どもであれば、学習の仕方や進路などの相談、友達関係や親子関係の悩み、性のことなど、一口に相談と言っても、具体的なアドバイスができるものからそうでないものまで、相談内容はさまざまである。また保護者であれば、子どもについての相談だけではなく、保護者の経済的困難や虐待、また時には子どもの養育や家庭学習をめぐって家族の人間関係に話が及ぶなど、教育相談といってもその範囲を大きく超えて相談がもちかけられることも十分に想定される。教員は、その相談を自分が引き受けるべきものかどうか、継続的相談にどのような相談機関との連携が必要かなどを判断するためにも、子どもや保護者から訴えがあれば、ひとまず話を聴く姿勢が求められる。

　それでは、「話を聴く姿勢」とは具体的にどのような姿勢だろうか。「勉強の仕方がわからない」と相談にきた3人の中学生への関わりを例にして考えてみよう。

　「勉強の仕方がわからない」と言うAさんに対して、教員が勉強の方法を具体的にアドバイスすると、Aさんは実際に自分で勉強することができるようになった。しかし、同じようにアドバイスを受けたB君は徐々に学校を休みがちになってしまった。教員は心配になり、B君と会ってもう一度ゆっくり話を聞いたところ、B君が実は友達関係で悩んでいることを打ち明けてくれた。教員はスクールカウンセラーと連携しながらB君を支えている。また同じように「勉強の仕方がわからない」と言って休みがちなC君に、教員は学校に来たくない理由を尋ねたが、理由は本人もわからないのか黙ってしまい、教員自身も途方にくれてしまう。

　このように同じ訴えを持つ子どもでも、教員のアドバイスがすぐに問題解決につながるAさんのような場合もあれば、本当は別の悩みを抱えているのにそれを訴えられずにいるB君や、あるいは悩み自体がよくわからないC君などもいる。最初に訴えられた言葉だけでは、その子どもがどのような意味や背景でそう言ったのかは最初は十分にはわからないのである。子どもに限ったことではない。保護者も同様に、学校や教員に対する相談

や訴えの背景はそれぞれ異なっている。

　そこで教員には、相談にやってくる子どもや保護者の訴えの"背景"に目を向け、まずは相手の訴えとその背景をできるだけ正確に理解しようとする姿勢が求められる。「相談にのる」ということは、単に言葉になった訴えに対する解決方法を示すことではない。言葉になった訴えの背景にある、相談の動機や困難の状況を相手の視点から理解し、教員自身が「なるほど、こういうことで悩んでいるのだな」と、相手の感じ方を理解するところから相談が始まるのである。

2　内部照合枠による他者理解

　前節で見たように、相談を受けるときには、何についてどのように困っているのか、何を相談したいのか、などの相手の経験をできるだけ正確に理解することが必要である。しかしそれは容易なことではない。なぜなら「気持ち」や「心」という相手の経験を直接観察することはできないからである。実は相手の気持ちをそのまま観察して正確に理解することは、不可能なことだとも言えるのである。

　そこで、直接相手の経験を知ることができないかわりに、相手の言葉や表情、しぐさなどのさまざまな情報から、相手の経験を丁寧に推測し、しかもその推測をより正確なものに近づける努力を継続することが必要になる。たとえて言うならば、相手にしか見えない風景を、その人の言葉や表情、しぐさから、どんなふうにその風景に感動しているのかを丁寧に推測することに似ている。相手の様子をよく観察して、推測する努力を継続すればするほど、その人の経験に近づくことができるだろう。

　ある保護者が「子どもが不登校で困っている」と訴えるとき、その保護者が何に「困っている」のかはこの言葉だけではわからない。子どもが学校の授業に遅れてしまうことに困っているのか、子どもが家にいることに困っているのか、あるいは不登校なんて許せないと思い困っているのか、「困っている」の意味は数多く考えられる。保護者の「困っている」という

言葉の意味を理解しようとせずに対応しても、保護者には役立たないばかりか、教員の助言で傷ついたり、ストレスを溜めたりすることにもなる。

　保護者が自分の子どもの不登校を許せないと思って「困っている」と言っているのだとしたら、「授業内容はプリントで補習しますから心配しないでください」と伝えても保護者には響かない。逆に不登校による学習の遅れを心配する保護者に、「昼間、お子さんが家にいると不安になるものですよね」と、温かい雰囲気で声をかけても、保護者から見れば的外れである。保護者がどのような意味で「困っている」のかを、もう少し丁寧に知ろうとすることが必要なのである。相手の表面的な言葉だけではなく、相手の経験に近づこうと努力する姿勢が、教育相談には欠かせない。

　このように、他者の経験していることや意味するところを、自分の価値観を抜きにそのまま理解しようとする方法を、内部照合枠による他者理解と呼ぶ。内部照合枠によって他者理解しようとするとき、相手の視点から見て世界や状況がどのように捉えられ経験されているのか、それを知ることが最大の関心事になる。

　内部照合枠に対して、外部照合枠による他者理解では、相手の話を聞きながら、「原因はなんだろう」「障害が背景にあるのだろうか」などのように、相手の経験そのものに関心を寄せるのではなく、あくまで外側から見て評価することに関心がある状態である。

　内部照合枠の考え方を、もう少し詳しく理解しておこう。

図 12-1

　上にシルエット画が描かれている。これに、読者はどのようなタイトルをつけるだろうか。次ページに読み進める前に、このシルエットの状況がわかるタイトルを考えてみてほしい。

「踊るバレリーナ」「ポーズをとるバレリーナ」などのタイトルをつけた
人が多いかもしれない。しかし、「倒れそうなバレリーナ」「新芽」という
タイトルをつけることもできる。そのようなタイトルをつけた人は、この
シルエット画をどのように見たのだろうか。

図 12-2

図 12-4

図 12-3

　シルエット画に、1つの作品としてタイトルをつけるということは、見
た人がその絵に1つのストーリーを見出すということである。「踊るバレリ
ーナ」と捉えた人は、図12-2のように、自分でシルエット画に額縁（フレ
ーム）を当てはめてストーリーを作ったということであろう。同様に図12-3
のようにフレームを当てた人にはバレリーナは転倒しているように見える
ので、「倒れそうなバレリーナ」になる。図12-4では、他と比べるとフレ
ーム自体がとても小さく、フレームに切り取られた部分は、確かに新芽に
も見える。
　このように、私たちは誰でも、状況を理解するときには何らかのストー
リーを作って理解する。状況をそのまま理解するということはできず、そ
れぞれが自分のやり方で額縁（フレーム）を通して状況を捉えているのであ
る。換言すれば、私たちが日ごろ経験している出来事は、客観的な事実そ
のものというよりも、私たちがそれぞれに持っているフレームを通して理
解した1つのストーリーだということである。
　個人が持つフレームは1人ひとりサイズも向きも異なっていて、個性的
である。そのため、同じものを見ていても、フレームを通して理解されて

いる世界は大きく違ってくる。

　内部照合枠による他者理解とは、相手の持つ額縁（フレーム）から相手が何を捉えているのかを理解することを指している。フレームから何が見えているのか、どんな状況なのかを、相談に来た人から言葉で教えてもらったり、また表情やしぐさを観察することで、相談を受ける人は相手の内部照合枠に少しずつ近づくことができるのである。

3　子どもへの信頼

　教員という立場で、他者の相談にのる実際の相談場面では、内部照合枠による他者理解が必要であることはこれまで述べた通りである。一方で、教員の重要な仕事の１つに、子どもによりよい方向性を示したり社会的規範から逸れた行為を正したり、模範となったりする規範的指導的な機能がある。ここで言う規範の多くは社会規範であり、これを教えるということは、いわば社会規範という額縁（フレーム）を子どもに教えるということである。子どもにとっては、社会規範というフレームは外部照合枠でしかない。言い換えれば、子どもにとっては外部照合枠の社会規範というフレームを教えることが、教員の役割の１つだとも言えるのである。教育相談の難しいところは、教員が、子どもの内部照合枠を理解することに努めつつ、同時に社会規範という子どもにとっての外部照合枠を教えることも時に必要だということだろう。

　たとえば同級生を怒りのあまり殴ってしまった中学生を前に面接をするとき、どのような姿勢で教員は面接に臨めばよいだろうか。

　最初に教員には「社会的には許されない行為だ」、「家庭環境が良くないからこんなことを引き起こしたのかもしれない」「彼は何らかの障害があるのだろうか」という見方が頭をよぎるかもしれない。これらはいずれも外部照合枠に基づいた他者理解の仕方である。外部照合枠に基づいた理解は面接の場からひとたび離れれば状況を客観視したり、多角的に捉えることを可能にするという意味で必要だが、実際に相談する人を前にしたとき

には、そうした理解の仕方はひとまず脇に置いて、内部照合枠による他者理解を行う姿勢で臨むことが必要である。殴ったその中学生が、実はからかわれてかっとなった気持ちや殴ったときの手の痛み、殴った相手への思いなど、その中学生の経験したことをそのまま知ろうとすることが、内部照合枠に基づいた理解の基本姿勢である。

　詳細は**第13章**で述べるが、内部照合枠に基づいた理解は共感的理解とも呼ばれ、このような理解を目指して話を聞いてもらうと、人はおのずとありのままの自分を受け容れるように変化しはじめる。自分の経験していることを批判せず、熱心に耳を傾けてくれる他者の存在は、相談する人が自分の葛藤や悩みと向き合い、自ら葛藤や悩みを解決しようとする自己治癒力を高める。

　これまで見てきた内部照合枠による他者理解が、教育相談を受ける人に必要だと考える背景には、人は本来成長しようとする存在であり、自ら解決する力を持った存在である、という人全般に対して信頼をおいた人間観がある。教育相談における他者理解の姿勢とは、人を信頼する人間観を持つことから出発している。このような人間観に立って人の成長や自己実現について研究する心理学は、人間性心理学と呼ばれている。これに基づけば、人は自らよりよくなろうとする存在であると仮定されるため、教員が子どもを共感的に理解しようとする態度に接した子どもは、教員の言葉に冷静に耳を傾けることができる。なぜなら教員の言葉が子どもに対して批判的ではなく、子どもを脅かすものにはならないからである。つまり教育相談は、子どもへの信頼を第一として行われるべきものなのである。

■トピック■ 文脈効果

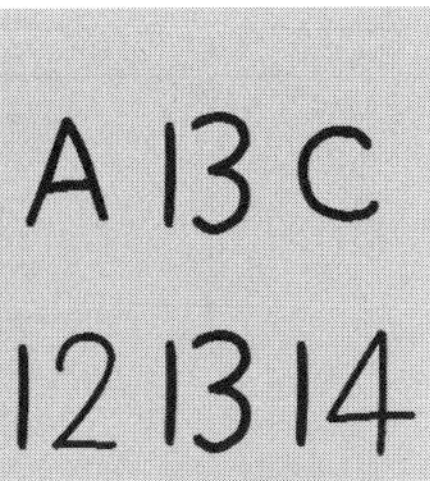

　右の図について、あなたはなんと読んだだろうか。上段をアルファベットの「ABC」と、下段を数字の「12、13、14」と読んだ人が多いのではないだろうか。しかしよく見ると、上段の「B」と下段の「13」は、まったく同じものである。

　目に映るものは物理的には同じなのに、私たち

図12-5

がそこから理解する意味はいつも同じとは限らない。上段には前後にアルファベットがあるので、間にあるものはアルファベットに違いないと、私たちは無意識に思っているのである。同様に、前後に数字があればその間にあるものも数字と思い込む。このように同じものが前後の文脈によって、異なって捉えられてしまうことを文脈効果と言う。このような文脈効果は日常にあふれている。

「〇〇高校の合格、おめでとう！」という教員の言葉も、その高校に進学しようと努力して頑張ってきた（という文脈を持つ）中学生には、その言葉が賞賛に思えても、不本意に進学することになった（という文脈を持つ）中学生には皮肉にしか聞こえないだろう。

「B」なのか「13」なのかでさえ、文脈効果が現れるのだから、日常生活はもっと複雑だ。相手の持つ文脈を考えることは、相手の持つ内部照合枠を理解することにもつながっている。日常生活で生じる文脈効果について振り返ってみると、これまであまり気づかなかった、1人ひとりが持つ内部照合枠の違いに気づくことができるかもしれない。

考えてみよう

あなたは、友人から「大学がおもしろくないので辞めたい」という相談を受けた。内部照合枠から友人を理解しようとすると、どのような声かけや関わりを考えることができるだろうか。できるだけたくさん挙げてみよう。

第 13 章 共感的理解と傾聴

本章のポイント

　ロジャーズがカウンセラーに求めた自己一致、共感的理解、無条件の肯定的配慮は、教員にも必要である。誤解されてしまうことも多いこれらの用語を正確に理解してほしい。また相談者の経験を批判せず、ありのままに理解しようとする際の実際的な話の聴き方は傾聴と言われる。相談援助の基本的態度とともに傾聴スキルが用いられるとき、相談ははじめて相手にとって役立つものとなる。学校場面では生徒や保護者、同僚、関係諸機関のスタッフとの関わりでも傾聴スキルを活用することができるだろう。

1 パーソナリティ変化に必要十分な条件

　パーソナリティは一般に、「人の行動様式、認知、思考、感情の一定の傾向」と定義されることからもわかるように、容易には変更しない。しかしロジャーズ（Rogers, C. R.）は、相談を受ける人（セラピスト）と相談する人（クライエント）との関係性が以下の6つの条件を満たすときに、クライエントはおのずとそのパーソナリティを建設的なものに変えてゆくと述べた。

①2人の人が心理的な接触を持っていること。

②第1の人（クライエントと呼ぶことにする）は不一致の状態にあり、傷つきやすく、不安な状態にあること。

③第2の人（セラピストと呼ぶことにする）は、その関係の中で一致していて、統合していること（純粋性・自己一致）。

④セラピストは、クライエントに対して無条件の肯定的配慮を経験していること（無条件の肯定的配慮）。

⑤セラピストは、クライエントの内部照合枠を共感的に理解しており、この経験をクライエントに伝えようと努めていること（共感的理解）。

⑥セラピストの共感的理解と無条件の肯定的配慮が、最低限クライエントに伝わっていること。

　学校場面では、まず教員と子どもとの間に、心理的な温かい関係（ラポール）があることが条件である（①）。そのためには、後述する傾聴スキルが役立つ。

　②と③では、子どもが自己不一致（自分の意識と情動経験がずれている状態）、教員が自己一致（自分の意識と情動経験があまりずれていない状態）していることが挙げられている。悩みを抱えた子どもは、自分のありのままを受け容れることができていない状態（自己不一致）であるが、相談にのる教員は、子どもとの関係の中では、自分のありのままを率直に自覚できる状態（自己一致）でいることが必要である。たとえば、子どもから中傷され、内心悲しみや怒りを経験したとき、教員自身がその自分の情動経験（悲しみ、怒りなど）を自覚していることが自己一致である。「私は教員なので、子どもに中傷されたからといって全く傷ついていない」と無理に意識すると、自己不

一致になってしまう。

　また教員は、相談にのろうとする相手に対して条件をつけずに温かな関心を持つことが必要である（④）。たとえば「万引きをしないならば、先生はあなたのことを見捨てないよ」という発言は、条件付きの受容であり、④で述べられている無条件の肯定的配慮とは異なる。相談者の行為に関係なく、相手に肯定的な関心や配慮を向けることが必要とされているのである。無条件の肯定的配慮とは、万引きという行為自体を無条件に認めるという意味ではないことに注意してほしい。行為の是非に関係なく相手の存在を認めることが重要である。

　そして⑤では、教員が、子どもの内部照合枠から理解しようと努力していることが必要だと述べている。これは共感的理解と呼ばれ、単なる理解とは区別された、特別な理解の仕方であり、次節で詳述する。

　そして最後に⑥では、無条件の肯定的配慮と共感的理解は、ただ相談を受けた教員が努力しさえすればよいのではなく、相談してきた子どもにもその努力がある程度伝わっていることが必要と述べている。教員が、表現や表情に乏しくて共感的理解の努力が子どもに伝わらなければ、やはり子どものパーソナリティの変化は起きないのである。

　このように、ロジャーズの示した条件は、教員による子どもや保護者に対する相談場面でも必要な条件である。そのためには、自己一致・無条件の肯定的配慮・共感的理解というそれぞれの言葉の意味を正しく理解すると同時に、後述する傾聴のスキルを持つことが必要であろう。

2　共感と同情の違いとは

　人から相談を受け、相手の話を聴こうとするとき、とりわけよく問題となるのは共感と同情の違いである。

　ロジャーズは、共感的理解を「クライエントの私的な世界をあたかも自分自身のものであるかのように感じ取り、しかもこの“あたかも〜かのように”という性質を失わないこと」と説明した。ここで「クライエントの

私的な世界をあたかも自分自身のものであるかのように」という説明は内部照合枠がどのようなものかをよく説明している。しかしロジャーズの説明では、それに加えて共感には「この "あたかも～かのように" という性質を失わないこと」が必要であるという。これはどのような意味だろうか。

　たとえば親友とけんかした女子中学生に、教員が共感的に話を聴く場面を考えてみたい。話を聴いて教員は自分自身の過去の経験をもとに中学生の気持ちを推測し、「この中学生の気持ちがとてもよくわかる」という気がしてきたとしよう。しかしそのときの「相手の気持ち」はあくまで教員が推測したものであって、相手の気持ちそのものではない。そのことを忘れて、今自分が感じている気持ちが相手の気持ちと同じだと教員が確信してしまうとき、そこには自分の気持ちと相手の気持ちの混同が生じている。これが同情である。このような状態は、相談を受ける者として望ましい状態とは言えない。なぜなら「同情」の状態で援助を行っても、相手にとっては役に立つ援助にならないからである。

　ロジャーズが "あたかも～かのように" と共感を説明した意味は、援助者が「相手の気持ちがわかった」と信じ込んで自分と相手の気持ちを混同してしまう状態、すなわち同情に基づいた援助を戒めたものである。自分と相手が異なる人間である以上、相手の気持ちに近づくことはできても、完全にわかるということは、決してない。そのことを十分認識しているとき、援助者はより正確な他者理解と適切な援助に近づくことができる。

3 傾聴のスキル

　基本的な対人スキルの基礎として、傾聴のスキルは医療や福祉、教育などの各場面で広く紹介されている。傾聴のスキルは、これまでに説明した対人援助の基本的な姿勢を背景として用いられることで、はじめて支援に効果的に働く。スキルだけを身に付けるのではなく、対人援助の基本的な姿勢とともにスキルを用いることを忘れてはならない。

A　話しやすさへの配慮

　相手が話しやすいように、座る位置・姿勢・声のトーンを工夫する。

　相手との距離はあまり遠すぎても、逆に近過ぎでも落ち着かない。1〜1.5 m ほどの距離があると比較的話しやすいと言われるが、初対面のときはそれよりもやや遠く、ラポールができて親しみが湧くようになったらやや近くがよいかもしれない。また相手と自分の向き合い方が真正面であると、視線を逃がすこともできず追い詰められる感じがしてしまうこともある。机があるのならばやや斜めの位置に座ると話しやすいことが多い。

　また人の話を聴くときには、やや前傾姿勢で身を乗り出すようにして、相手の話に興味があることを姿勢でも示すことができる。手元は、どうしても必要なときは相手の許可を得て簡単にメモをとることもできるが、話すそばからメモをとると相手は話しにくくなる。相手の声のトーンに合わせ、落ち着いた雰囲気で話す工夫ができるとよい。

B　非言語的コミュニケーション

　あいづちやうなずき、笑顔など、言葉を直接用いないで相手にメッセージを伝える方法を非言語的コミュニケーションと言う。言葉で伝えるよりも、ていねいにあいづちを打つことで、こちらのメッセージが伝わることもある。自分が共感的理解に努めていることを相手に伝えるためには、言葉に頼りすぎずに、あいづちやうなずき、アイコンタクトなどを用いて、話をきちんと受け止めていることを表現する。柔和で穏やかな笑顔は、それ自体、人を安心させる。ただし相手が落ち込んでいたり、悲しんでいたりするようなときは、むしろ相手と同じような表情を見せることで、自分が相手の気持ちを理解していることが、相手に伝わりやすくなる。また話が途切れ沈黙になるとき、相手は何かを深く考えていたり、自分の考えを整理していたりする。沈黙を破ろうと自分から話題を探すことよりも、沈黙の間、相手が何を考え、どのような感情を経験しているのかを温かく見守ることによって、共感的理解の態度が相手に伝わることが多い。

C　言語的コミュニケーション

　言葉を用いたコミュニケーションは、曖昧な心の状態を言葉によって鮮

明にする効果がある。これにはいくつかの典型的な技法がある。

　「繰り返し」とは相手の話した内容のうち相手が自分に伝えたいと思っている内容を、相手の言葉をそのまま使って相手に返すことを言う。「今日は学校に行きたくない」と言う生徒に、周囲はつい「どうして」と理由を尋ねたくなるかもしれないが、「繰り返し」の技法を用いて傾聴するときは「学校には行きたくないんだね」のように応答する。「いいかえ」とは相手の伝えたいことを内容を変えずに、簡潔に要約したり別の言葉にしたりして相手に返すことを言う。相手が混乱していたり堂々巡りになっていたりする場合には、「いいかえ」によって気持ちが整理されることが多い。「明確化」は、相手の伝えたい内容やその意味をよりわかりやすく理解するために質問して、話の意味や背後にある感情を明確にする。「それは〜という意味でしょうか」「うかがっていると、あなたが〜という気持ちでいらっしゃるように感じました」などの表現が用いられる。

　相手に質問をするときにも工夫ができる。まず質問するということ自体に、こちらが相手に十分に関心があることを伝える意味がある。しかし一方で、質問された方は答えを迫られるプレッシャーにさらされるため、質問を多用することは悩みを持つ相手に負担を強いることにつながる。また

表13-1　クローズド・クエスチョンとオープン・クエスチョンの特徴比較

クローズド・クエスチョン	特徴	オープン・クエスチョン
今日は何時に起きましたか？ 朝ごはんは食べましたか？ 出身はどちらですか？	例	ご気分はいかがですか？ 今日はどうされましたか？
答えやすい。 回答する人の負担が少ない。 問われていることが明確。	良い点	話が広がりやすい。 答える人が自由に自分の気持ちを話すことができる。 答える人の内省が深まりやすい。
話が広がりにくい。 問われたこと以上のことは話してくれない。	悪い点	答えるのに自分で考えねばならず、心理的な負担になる。 回答の自由度が高く、戸惑う。
取り調べられているような不快な気分になりやすい。 依存的で自分で自分の気持ちを内省することが少なくなる。	質問が続くと	答える人の内省が深まり、自分で主体的に悩みを解決しようとしはじめる。

質問には答えが１つしかないような質問（今朝は何時に起きましたか？　など）と、多様な答え方がある質問（気分はどう？　など）があり、前者をクローズド・クエスチョン、後者をオープン・クエスチョンと言う。それぞれの質問の仕方には特徴があり（表13-1）、それを踏まえて質問ができるとよい。

▌▌▌トピック▌▌▌マイクロカウンセリング

　アイビィ（Ivey, A.E.）はさまざまなカウンセリングや心理療法で用いられている技法を階層化し、相談援助を行う人がその訓練の過程で技法を習得することを目指してマイクロ技法階層表（図13-1）にまとめている。
　このうち感情の反映（感情の明確化）、はげまし、いいかえ、要約、オープン・クエスチョン、クローズド・クエスチョンは、カウンセリングのみな

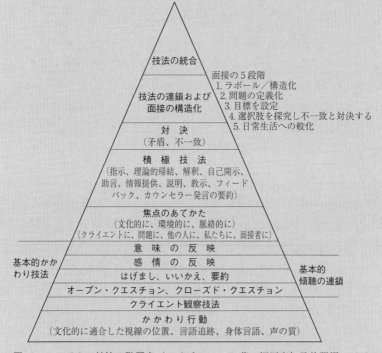

図13-1　マイクロ技法の階層表（アイビィ，A.E.著　福原真知子他訳編，1985，
　　　　p. 8より。一部改変）

らず、援助的な上司 - 部下関係や医師 - 患者関係など一般的な対人場面で
もたびたび見られるもので、これをマイクロカウンセリングでは基本的傾
聴の連鎖と呼んでいる。こうした基本的傾聴の連鎖は、教員 - 生徒関係で
も実践されるべきものである。1つ1つの技法についてまず知り、実践の
中でどのように技法が用いられているかを観察するときわめて多くの技法
が連鎖的に使われていることがわかるだろう。次にロールプレイによって
練習し、実践場面で自然に活用できるようになるまで練習する。良い相談
相手になるためには、このような地道な訓練が必要なのである。

引用文献

Rogers, C. R. (1961). *On Becoming a Person : A Therapist's View of Psychotherapy.* *Houghton Mlifflin.*
　(ロジャーズ, C.R. 著　諸富祥彦・末武康弘・保坂亨訳 (2005). ロジャーズが語る
　自己実現の道　岩崎学術出版社)
日本人間性心理学会 (編) (2012). 人間性心理学ハンドブック　創元社
アイビィ, A.E. 著　福原真知子・椙山喜代子・国分久子・楡木満生訳編 (1985). マイ
　クロカウンセリング　川島書店

考えてみよう

・・・・・・・・・・・・・・・・・・・・・・・・・・・・・・・・

　あなたは、友人から「父親とけんかばかりしていて、家に帰りたくない。
昨日もアルバイトの帰宅時間が遅いと文句を言われて頭にきた」という話
をされた。「いいかえ」「明確化」を使った応答の仕方を考えてみよう。

第 14 章

相談の構造

本章のポイント

　相談活動は、何によって形作られ、どのように組み立てられているのか。また、相談はどのような流れで行われているのか。この章では、この2つの問いについて考えていく。まず、相談の構造とは何なのか、相談はどのような要素から成り立っているのかを学び、構造の意味について考える。そして、架空事例を通してどのように相談の構造化が行われるのかに触れる。このことを通して、相談の構造というものが重要であることを認識して教育相談活動を行えるようになることを目指す。それに加えて、相談はどのような手順を踏んで進んでいくのかを学ぶことで、相談の流れについての知識を得ることを狙いとする。

1 相談の構造とは何か

　「相談」という状況は、さまざまな要素によって作り上げられた「構造」を持っている。たとえば、いつ、どこで、誰とその相談は行われるのかなど、「相談」という状況を作り上げている要素は実にさまざまであり、これらが織り成されたものが「構造」である。この構造という考え方は、心理療法や心理面接の中で発生、発展してきた。どういった構造がそこに用意されるのかは、どんな心理療法や心理面接にとっても「欠くことのできない基本的な構成要素」(小此木, 1990, p.18) である。そして、その構造は、相談活動の効果に大きな影響を与える。しかしながら、学校で教員が行う相談活動の中ではその構造について掘り下げて語られることは少ないと思われる。ここでは、相談の構造という考え方を知り、それが相談活動の効果とどうつながるのかを考えていく。教員が常に相談の構造について配慮して教育活動を行うことは難しいことも多いが、この知識を得ることによってスクールカウンセラーがしていることの意味がわかりやすくなり、ともに子どもを支援しやすくなるだろう。

2 構造の要素

　ここでは、相談の構造を形作っている要素として取り上げられることの多いものについて説明していく。具体的には **A** 時間に関係するもの、**B** 場所に関係するもの、**C** 相談を受ける人、**D** 相談の中でのルール、の4つを取り上げる。そして、それらの要素の意味や、どう設定するのかについて考えてみよう。

A 時間に関係するもの

　どの程度の時間を面接時間として設定するのか。1回で面接を終わりにするのか、それともまた話をする約束をして継続的に面接するのか。継続

するならどれくらいの間隔で面接を行うのか。時間帯はいつか。以上のようなものが、時間に関係する要素である。保護者との面談を取り上げて考えてみよう。学校でも家庭でも大きな問題がない子どもの保護者とのやりとりでは、学校が設定している保護者面談の時間（たとえば、年に2回、15分間など）が中心となることもあるだろう。一方、トラブルの多い子どもの保護者との面談は、先述の時間だけでは足りないこともある。毎月1回、1時間程度の面接を設定してお互いの取り組みや子どもの様子を定期的に話し合うかもしれない。このような時間設定の違いは、もちろん子どもと相談するときも同様に存在する。お昼休みの中で話を聞くのか、それとも放課後に相談時間を特に決めずに面談を行うのかなどの違いは、相談内容やお互いの関係性を考慮したうえで検討できるとよいだろう。面接時間の設定について一般論を言うと、面接時間は最初に決めておく方がよい。時間を決めないと、だらだらと話が続いたり、脇道にそれたりしがちになるからである。スクールカウンセラーが行う継続的な心理面接の場合は、たとえば「隔週火曜日11：00-11：50」というように、固定した相談時間を設定することが多い。このような時間設定は、「何かあってもいつものあの時間、あの人と相談ができる」という安心感を提供し、日常生活の中で安定的に過ごすことを助ける作用を持つ。参考までに知っておくとよいだろう。

B 場所に関係するもの

　相談する場所の違いは、相談活動に大きな影響を与える。また、相談する部屋内のセッティング（座る位置など）も、その場の雰囲気を左右する要素となる。それでは、部屋が相談活動に与える具体的な影響について考えてみよう。たとえば、教室はどうだろうか。一般的には、教室は子どもが日々過ごしている生活の場であり、掲示物がたくさんあり、部屋は広く、誰かが入ってくるかもしれない場所である。教室であれば、子どもは過度に緊張することなく、普段に近い状態で話せるかもしれない。一方で、「誰かに見られるのではないか」と感じて、子どもが本当のことを言いにくくなる可能性もある。また、生徒指導室で厳しい指導を受けた経緯のある子どもは、生徒指導室に呼び出されただけで無条件に「また怒られる」と思うかもしれない。このようなときは、厳格な態度で接する必要がある場合

は生徒指導室、ゆっくりと話を聞きたいときは相談室と、部屋を意図的に使い分けることもあるだろう。保護者との面談は、子どもと比べて校長室で行うことが多い。校長室は応接室としての機能を備えており、保護者を社会人として丁重にもてなすという配慮が伝わりやすいこともある。しかしながら、校長室という場所では緊張してしまう保護者もいる。子どもや保護者にとって、その部屋にどのようなイメージがあるのかを推測しておくと、部屋の選択や部屋内のセッティングをするときに役立つだろう。

C 相談を受ける人

　相談を受ける人はどんな人で、どんな役割を持っている人なのか。1人で相談を受けるのか、それとも複数人で話を聞くのか。性別や年齢はどうか。相談を受ける人が変われば話される内容や話の質も変わる、ということは自然なことである。男性が苦手な子どももいれば、若い先生に対して厳しく接しがちな保護者もいる。教員にとっては、自分の性別や年齢、教員としての経験年数などは変えられない条件であるが、そのことが相談活動に影響を与える可能性があることを理解しておくと、何が両者の間で巻き起こっているのかわかりやすくなる。また、保護者面談の場合、複数人で話を聞くことで「学校がチームとして子どもの課題に取り組んでいる」ということが保護者に伝わりやすくなることがある。ただし、人数が多すぎることで緊張してしまう保護者もいるため、慎重に検討する必要がある。

　それでは、「相談を受ける人が持つ役割」が相談に与える影響について考えてみよう。まず、「教員」の役割はどうだろうか。教員にはさまざまな役割があるが、そのうちの1つに「子どもを評価する役割」がある。子どもや保護者が「こんなことを言ったら普段の見る目が変わるのではないか」とか「成績に影響するのではないか」などと心配し、教員に正直に話せないことがある。また、「周囲（校長や他の教員、保護者など）から子どもを正しい方向へ導く役割を果たしてほしいと期待されている」と、教員自身が強く感じることもあるかもしれない。このような心境だと、相談を受ける側の教員が「正しい方向へ導かなければ」と思いすぎ、子どもの話を十分に聞かずに指導して反抗される、ということも起こり得る。既に、教員という役割に一定のイメージを抱いている人もいる。たとえば、教員は自分を

叱る存在だと強く感じている子どもにとっては、誰であろうが教員は反発すべき対象となってしまうことがある。養護教諭やスクールカウンセラーなどは、担任とは違った役割を果たせる可能性が高い。養護教諭は教員でありながら「評価をする役割」がないため、より話しやすいと感じる人もいる。スクールカウンセラーは学校にいながら教育職とは違う役割を担っており、「こんなことを言ったら先生に怒られるのではないか」と心配で担任には言えないことでも、スクールカウンセラーには話せる場合がある。

D　相談の中でのルール

　相談活動を行う際には、明確に口にするか否かは関係なく、お互いの中にルールが生まれる。わかりやすいものとしては、暴力を振るわないというものである。相談中に殴りかかられたら、その場は安心した雰囲気を失い、相談活動を行うことはとても難しくなる。お互いが安心して話をすることができるよう、暗に暴力的な行動は制限されていることが多い。相談場面で許容できる範囲はその個人や相談者との関係性によって変化するので、個々のケースによって相談の中でのルールは微妙に異なってくる。

　相談をするうえでのルールでよく問題となるのが、そこで話された秘密の取り扱いに関すること、いわゆる秘密保持である。河合（1985）は、カウンセラーはクライエントの秘密を持ち抱えることが本質であると話しているが、これは教育相談活動の中でも通じるものがある。「相談として2人だけの場で話された内容は、2人だけの秘密である」という前提があるからこそ、相談する人は安心して話をすることができる。その一方で、杓子定規に「秘密保持の態度が大切だから、秘密は守るものだ」という考えで教育相談活動を行っていては、うまくいかない。学校には集団守秘義務（職務上知り得た秘密を、学校やその関係者という職業集団の中で保持する）という考え方がある。担任1人が子どもを背負っているのではなく、学校という集団が責任を負って子どもを預かっていることを考えれば、職務上知り得た秘密をその子やその家庭に役立つように校長や他の教員と共有することは、とても大切な活動だと言える。このように、秘密の取り扱いに関しても、どこまでを2人だけの秘密にし、どこからは他の教員とも共有し、どこからは保護者とも共有するのか、などを考えていく必要が生じる。たとえば、

「このことはお母さんには話さないでほしい」と子どもから言われたなら
ば、あなたはどうするだろうか。このときは、母親に話す必要性のあるなし
を話題とする前に、「なんでこの子は私に念を押す必要が生まれたのか」
について思いを巡らせる必要がある。そして、「なぜお母さんに話さないで
ほしいのか、お母さんに話すとどうなると思うのか」を話し合うことが大
切な場合もある。このような活動を通して、ここで話された秘密の取り扱
いについて、少しずつ相談の中でのルールが設定されていくのである。

3　架空事例から見る、相談の構造化

　相談する人とされる人、2人に合った相談の構造は、2人が安心して相談
する場に存在できるようにしてくれる。それでは、実際に相談がどのよう
に構造化されていくのかを、架空事例を提示して考えていく。

● **架空事例1**　いじめられている、物静かなAさんとの相談の構造化

　中学校2年生の女子生徒Aさんは、同じクラスの女子4人とグループ
で過ごすことが多かった。しかしながら、あるときグループのボス的な存
在のBさんから「Aは先生に取り入ろうとしている」と言われ、グループ
の中で無視や仲間外しが行われるようになった。その行為はだんだんエス
カレートし、Bさんはグループ以外のクラスメイトにも無視を呼びかける
ようになった。担任はAさんの元気のない様子に気づき、グループに属し
ておらず中立的に見えるCさんに、Aさんとグループのことについて聞い
てみると、なにやらトラブルがあるらしいということもわかってきた。

　そこで担任は、Aさんから話を聞く可能性について考えた。Aさんは物
静かなタイプで、Aさんから教員に相談してくることはないだろうと考え
た。しかしながら、自分（担任）とは時折冗談も言い合える関係であり、他
に相談しやすい教員はいないように思われた。そこで、担任はAさんを
面談に誘うことを決める。Bさんなども一緒に呼んで話を聞くと、Aさん
についてどのような意見が出てくるかわからなかったため、まずはAさ
んの訴えと要望を聞く目的で、Aさんにのみ声をかけることにした。Aさ

んが周りの目を気にせず話せるように、面談を行う時間帯は放課後、場所は教室を避けて生徒指導室とした。担任自身の時間も1時間空けて、面談に集中できる状態を整えた。最初に声をかける場所は、教室では他の生徒の目につきやすいと思い、廊下で面談に誘った。帰りのホームルームが終わった後に担任から「待っているよ」と声をかけ、生徒指導室にてAさんが来るのを待った。担任はAさんが緊張してここに来るだろうと想像し、机を挟んで椅子を置き、2人の距離が適度に離れるようにした。

　この架空事例では、①誰と誰が面談を行うのか、②面談をいつ行うか、③面談場所はどこか、④面談時間をどの程度にするか、⑤どのように誘うか、⑥面談を行う部屋内をどうセッティングするか、ということを、担任がAさんの性格、心境、状況や自分との関係性を考えつつ構造化している。ここから面談が始まっていくわけだが、実際に話を聞く前にAさんのことを考えてできることはたくさんあることがわかる。

● 架空事例2　学校の対応に不満を訴える保護者との相談の構造化

　D君は、小学校入学当初から授業中落ち着かない男子児童だった。そんなD君は、2年生の2学期頃から教室を飛び出したり、「座んなきゃいけないんだよ」と注意をするクラスメイトを叩いたりするようになった。担任は何か問題が起こったときに、その都度母親に電話で報告していた。そうするうち、母親は電話が鳴るたびに「また学校で何かあったのか」とビクビクするようになった。その様子を見かねた父親は、母親を連れて突然来校し、担任と話をしたいと申し入れた。担任は教室に両親を通したが、そこから父親は学校の対応についての不満をぶつけ、担任に何かしらの効果的な対応を取ることを迫った。面談時間は3時間に渡ったが、具体的な対応策は出てこずに、お互い疲れた雰囲気の中で話し合いは終了した。

　そこで、管理職、担任、スクールカウンセラーでD君への対応を考えるとともに、D君の保護者への対応のあり方についても話し合った。その結果、現在の状況報告と対応の効果の検討を目的に、保護者との面談を定期的に設定することを提案することとなった。保護者はその案を了承し、月に1回、16時から1時間という面談が設定された。学校側は担任、スクールカウンセラー、副校長の3人が出席することとなった。面談場所は校長室で、お茶を入れて来校を労った。座る位置は、保護者と学校側の人間が

分かれて対面すると互いが対立しているような雰囲気になりやすいと思われたため、机を全員で囲むように四角く椅子を配置した。また、副校長は面談の進行を、担任は現状の報告を、スクールカウンセラーは保護者の気持ちを汲み取ってサポートすることをそれぞれの主な役割として分担し、1時間の面談が互いにとって有意義なものになるように意識した。

　この架空事例では保護者との面談を取り上げた。最初の担任と両親との面談は後手の対応になった面があるが、担任が何とか関係をつなぎ止め、あらためて相談を構造化し直して、保護者を暖かい雰囲気の中で迎え入れる工夫を施していることが読み取れる。対応が難しい親に対してどのような構造を準備するのかということについて、諸富（1999）は①保護者を呼び出す場合は具体的な日時まで決めて伝える、②一般的には、保護者の人数に対して学校は1人多い人数で対応するとよい、③お茶を出すなど、大人として接遇する、④面接時間は1時間程度にする、⑤継続して面接を行う際は、会議や電話などで席を外さなくてよい時間を確保する、などのポイントを挙げているが、基本的にはどのような保護者に対しても大切だと思われる。その一方で、これはあくまで一般論である。相手の心境に思いを巡らせて、お互いに合った相談の構造を準備することを心掛けよう。

4　問題解決的な相談の流れ

　ここでは、特に問題解決的な相談に焦点を当て、相談がどのような手順を踏んで進んでいくのかという、相談の流れを学ぶ。相談の段階を手順化するというのは、相談の進め方や流れを構造化しているということである。伊藤（2008）は、「問題解決」を大きく「問題を理解する段階」と「解決策を探索し、実行する段階」に分け、認知行動療法的な面接の流れを説明している。これを教員が行う教育相談的な面接に合った形に修正して、典型的な相談の流れを説明する。①日常生活の中での関係作り：普段の学校生活の中で、相談しやすい雰囲気作り、関係作りをする。反対に、相談しにくいと思われていては、面談を設定すること自体難しくなる。②面談の開始

と傾聴：最初の面談が設けられ、相手の訴えをしっかりと聞く。信頼関係を築くうえで、この段階はきわめて重要である。③情報収集：問題を理解するための情報を集める。実際には②と③が同時並行的に進められることもある。しかしながら、つい質問をしがちで相手の話の流れを遮ってしまうことが多いと感じる人は、意識的に区別するとよい。④問題の同定：問題を詳細に理解し、具体的にする。問題はたいてい絡まった糸のように入り組んでいて、漠然とした表現になってしまいがちである。漠然とした問題に対しては、漠然とした対処しか思いつかず、解決できる見通しも持ちにくい。⑤目標の設定：相談活動の目標を定める。問題が詳細に理解されると、相手はどのような状態を目指して相談していきたいかが明確になってくるし、こちらもどんな目標が現実的なのかを予測しやすくなってくる。2人で話し合い、どのような目標がよいのかを決めていく。⑥手段の選択：目標を達成するために、どのような手段があるか、実行可能な手段は何かを話し合い、実際に取り組んでいくことを決める。相手がすることと自分がすることを分類し、お互いがそれぞれできるものを選ぶようにする。⑦手段の実践：⑥で選んだ手段を、生活場面で実践する。⑧効果の検証：お互いが取り組んだ手段の成果を話し合い、効果があったかどうかを確認する。⑨効果が維持するかの検証：⑧で効果が十分あったならば、それが今後も続くかどうかを確認するため、引き続き実践と効果の検証をする。⑩今後の面談の検討：目標が達成されたならば、今後面談をどう使うか、あるいは終了するかを話し合う。⑪面談の終了とフォローアップ：継続的な面談は終了し、その後の様子を学校生活の中で見守ったり、声をかけたりしながら確認する。⑧のとき、効果が不十分だった場合には、再び③に戻る。

　教育現場においては、①から⑤までの流れが「問題を理解する段階」、⑥から⑩までの段階が「解決策を探索し、実行する段階」と考えられる。②から⑥までの面接内での流れは、問題が単純であれば、1時間の面談1、2回でできることもある。しかしながら、この流れを急いで進めて、問題の理解を間違えたり見当違いな目標を立てたりすると、その後はとても意味を感じられない面談が続くこととなる。相談が役に立っていないと思われるときは、もう一度問題の理解と目標設定に立ち返るとよい。

▐▐トピック▐▐ A‐T スプリット

　A‐T スプリット（administrator-therapist split）とは、精神障害者の治療を行う際、投薬や入院時の体調管理を行う医者と、心理療法を行う医者・心理士を分ける、という構造を指している言葉である。実は、学校の中でも A‐T スプリットと似たような構造で子どもや保護者と関わっていることがある。ある子どもに対する学校の関わりを例に挙げてみよう。担任は日々の生活を見守り、その子の班割りを決定し、規則を逸脱した場合には指導をする。一方で、スクールカウンセラーは 1 週間に 1 回その子どもと面接をし、リラックスできる関係性を提供して子どもの成長力を促進する役割を担う、という状態である。もちろん 1 人でこの二役を担うことはできるし、実際すべての子どもに A‐T スプリットという構造は合わない。しかしながら、役割を分担することで子ども自身が混乱することなく日常と面接室の中の振舞いを区別することができたり、対応する大人が一貫した態度で子どもと接することができたりすることに役立つことがある。

引用文献

伊藤絵美（2008）．事例で学ぶ認知行動療法　誠信書房

河合隼雄（1985）．カウンセリングを語る（上）　創元社

諸富祥彦（1999）．学校現場で使えるカウンセリング・テクニック（下）──問題解決編・10 の法則　誠信書房

小此木啓吾（1990）．治療構造論序説　岩崎徹也・相田信男・乾吉佑・狩野力八郎・北山修・橋本雅雄・馬場禮子・深津千賀子・皆川邦直（編）治療構造論　岩崎学術出版社　pp. 1-44.

考えてみよう

・・・・・・・・・・・・・・・・・・・・・・・・・・・・・・・・

　157 ページの架空事例 2 を読んで、1 回目と 2 回目の相談の構造を具体的に列挙しよう。また、自分が担任だったら、保護者が突然来校した時どのように対応するか、面接を行うならばどのような構造化を行うかを考えよう。

第15章 相談者との関係性

本章のポイント

　相談活動は、人間同士が深く関わり合って成り立つものである。つまり、教育相談は相談をする人と受ける人との関係性の営みに他ならない。しかしながら、自分と相手との間にどんな関係性があるのかを詳細に理解することは難しい。関係性とは一体何なのか、関係性がなぜ重要なのか、良い関係性とは何なのかを、本章では考える。また、自分と相手との間に何が起こっているのかを読み解く知識として、転移と逆転移も取り上げる。これらのことを通して、相談者との関係性を考え、気づくことの大切さを学ぶ。

1　関係性を考える

　あなたは周囲の人々とどんな関係性を築いているだろうか。A さんとは何でも率直に話し合える関係だが、B さんとは犬猿の仲で何でも反発し合う関係かもしれない。一口に関係性と言っても、さまざまあるのは誰しも納得するところだと思う。また、関係性には形がなく、変化するものでもある。このことを考慮すると、相談場面において相談する人と相談される人との間にどのような関係性が生まれているのかを考えることは難しい作業と言える。しかしながら、教育相談やカウンセリングと呼ばれるような活動は人間関係を土台として行われる仕事（河合，2001）なので、2 人の関係性について考えることなしには、このような活動はうまくいかない。人と人とが深く関わり合って営まれる活動は、そこに現れる人間関係の上に成り立ち、人間関係によってその効果が発揮され、促進される。

　それでは、良い関係性とはどのようなものなのか。教育や医療、福祉、心理など人と深く関わり合う職種では、対象者とラポール（rapport）、つまり信頼関係を構築することが、きわめて重要だと言える。信頼できない人に対してあなたは教えを享受したり相談したりしようとしないだろうし、自分を信頼していない人に自分自身をさらけ出そうとは思わないだろう。先述のような職種では、信頼関係があってこそ互いの知識や技術、経験などを共有することができる。**第 13 章**で述べられているロジャーズ（Rogers, C. R.）が示した自己一致、無条件の肯定的配慮、共感的理解という 3 つは、信頼関係を構築するために必要な態度とも考えられる。

　教員と子どもの良い関係性について、具体的に言及しているのがゴードン（Gordon, 1974　奥沢・市川・近藤訳 1985）である。ゴードンは、以下の 5 つのような状態にあるときに教員と子どもの間に良い関係があると考えた。①お互いに隠しだてせず、お互いが率直かつ正直でいられる。②思いやりがあり、お互いが相手から尊重されている。③互いが互いを頼りとし、一方的に頼られない。④互いが独立し、自分の個性や創造性を伸ばして、それを認め合う。⑤互いの欲求を充足し合い、相手の欲求を犠牲にしてまで自分の欲求を満足させない。ゴードンは、以上のような関係性が構築されな

ければ学校という場所で本当の教育をすることはできないとし、教員は良い関係性を構築するための勉強と実践をするべきだと主張している。

2　転移と逆転移

　教育相談活動をするにあたって、相手と良い関係性を築くための実践をしていくことが大切であるのは既に述べた。しかしながら、常に、誰とでも良い関係にあるということは非現実的である。また、「良い関係でなければならない」という思いが強すぎると、そうではない関係に陥っているときにそれを認めたくないという心理が無意識に働くことがあり、現在の、本当の関係性に気づけなくなってしまう。そこで、自分と相手がどのような関係性にあるのかに気づくための知識として、転移（transference）と逆転移（counter transference）について学んでいく。以降、子どもや保護者など教育相談活動の対象となる人を、単に対象者と呼ぶ。

　転移とは、相談を受けている教員と対象者の相互作用のうち、対象者から教員に向けられる感情のことである。相談関係はとても密な関係性になることが多く、このような状態では、対象者が自分にとって重要な人物に向けていた、あるいは向けるべき感情を、教員に対して抱くという現象が起きやすくなる。これは、対象者がこれまでの人生で不満足であったり、強烈なインパクトを残していたりする関係性を、今ここでの相談関係に持ち込むということにつながっていく。

　子どもとの相談場面で、架空事例を使って説明しよう。中学校1年生のAさんは、幼少期父親に厳しく育てられてきた子どもだった。Aさんは父親に対してビクビクしながらも、自分の甘えたい気持ちを受け入れてほしいと心のどこかで思っていた。中学校に入り、Aさんは担任（男性）とずっと一言も口をきかなかった。そんなAさんだったが、いじめを受けたことをきっかけに、担任との面談が始まった。担任はとても優しく話を聞いてくれ、Aさんは救世主が現れたような気持ちになった。そこから、Aさんは担任に依存的に振る舞うようになり、「またいじめられるかもしれな

いから先生の携帯電話の番号を教えて」「本当は私がどうなってもいいと思っているんでしょ」などと話すようになった。このとき、Aさんはもともと父親に対して抱いていた、甘えたい、依存したいという感情を、担任に向けている可能性がある。これが転移である。この転移感情は、親子という非常に密な関係の中で求められた感情なので、担任はその感情の強さに困惑してしまうだろう。転移が起こっているとき、教員は「なんでそこまで思うのか」と、理解し難い気持ちになることもしばしばある。

転移はもちろん大人でも生じる。小学校女児の母親であるBさんの架空事例を読んでみよう。Bさんは幼少期からずっと自分の母親にかまってもらえず、寂しい思いを抱えていた。そんなBさんは、どこかで自分は人から温かく接してもらえるような人間ではないのだと感じていた。そんなBさんにも娘が生まれ、この子には自分と同じような思いをさせまいと一生懸命手をかけて育ててきた。そんな娘が小学校に入学し、勉強で躓いていることを知る。そのことを担任に相談し、「この子にわかりやすい授業を」「もっと娘を見てあげてください」と要望をするようになった。最初はその要望を受け入れていた担任であったが、度重なる申し入れに「そこまではできない」という雰囲気を出した途端、Bさんは「教師は子どもに教えるのが仕事でしょう！」と怒りだした。この場面でも、Bさんは担任に自分の両親との関係を重ね合わせて、自分と、自分の分身とも言える娘に対して手厚く、温かく接してほしいという強い気持ちが湧き起こり、それが充足されない怒りや絶望感（これはBさんが自分の母親に抱いたものでもある）が転移として示されている可能性がある。

以上の例のように、2人の関係の中で転移が起こっているときには、教員は対象者の感情に振り回されていつの間にか自分には手に負えないような役割、たとえば救世主的な役割であったり、親の役割であったりを1人で抱え込んで、疲弊しきってしまうことがある。また、対象者の言動を理不尽だと感じて、教員の方が「あの子はわがままだ」「あの人は非常識だ」などと思い、関係を断ち切ってしまうこともある。

次に、逆転移について説明する。逆転移は、転移とは反対に教員から対象者に向けられる感情のことを言う。当然ではあるが、これまでの人間関係で課題を1つも残さず、常に充足した人生を歩んできたという人はいな

いだろう。それは、教員という人間も同じである。これまで学歴至上主義的に振る舞う周囲の人たちによって辛酸をなめてきた教員は、子どもの受験勉強に躍起になっている親に対して、最初は親身に相談に応じていても、そのうち「あなたの考え方はダメだ」と批判して関係性を断ち切ってしまうかもしれない。小さい頃いじめを受けた教員は、いじめられた子どもの話をとても共感的に聞けるかもしれない。しかしながら、それが自分自身のいじめ被害と混同され、あの頃果たせなかったいじめっ子への復讐心が持ち込まれてしまい、吊し上げや見せしめ、徹底的な攻撃と言えるような行動をとってしまうこともあり得る。以上に示したように、逆転移は、使いようによっては相手の気持ちを共感的に理解することに役立つこともある。しかしながら、自分の中に湧き上がっている感情がどのような種類のものなのかを理解していなかったならば、逆転移は2人の関係性をこじらせたり、断ち切ったりする方向に働いてしまうことがしばしばある。

　転移と逆転移について説明してきたが、この2つはなんらかの相互的な関係性が築かれているときに起こるものである。転移が起こっているということは、相手が他者との関係性を今までより適応的なものに変えるチャンス、人間的に成長するチャンスが訪れていると考えることもできる。また、逆転移に気づくことは、自己理解を促し、教員自身の人間的な成長が期待できる。転移や逆転移が起こるような人間関係は、お互いに成長する転機を与えてくれるのである。しかしながら、これらの現象に気づかずにいると、その感情に圧倒されるがまま、疲弊してしまったり、関係が断ち切れてしまったりする。相談活動を行う際には、管理職（校長など）やスクールカウンセラーなど自分自身が信頼できる相談相手を持ち、困ったり、行き詰ったりしたときに相談して対象者との間に何が起こっているのかを振り返り、転移や逆転移が起こっていないかに気づけるとよいだろう。

┃トピック┃ 良い関係を築くための話し方、「わたしメッセージ」

　授業中騒ぐ子どもがいたとする。このとき担任教員が発するメッセージは、大きく分けて「わたしメッセージ」と「あなたメッセージ」（Gordon, 1974　奥沢他訳1985）の2つがある。ゴードンが教員のコメントを分析し、良

いコミュニケーションと悪いコミュニケーションを生むメッセージを精査した結果、主語が「わたし」か「あなた」で分かれていることに気がつき、このような名前をつけた。「わたしメッセージ」は相手との相互的な交流を促進し、良い関係を構築していくことに役立つメッセージと言える。相互的な交流を阻害することがある「あなたメッセージ」の例を挙げると、「(あなたは)静かにしなさい」「(あなたは)ダメなやつだ」などである。これらは、子どもにとって「先生は自分のことをダメな子どもだと思っている」というメッセージとなる。「わたしメッセージ」の例としては、「うるさくて(私は)イライラする」「授業が進まずに(私は)困ってしまう」などが挙げられる。このようなメッセージは、子どもに「先生が自分のしたことによって困っている」という内容を率直に伝えることとなる。「わたしメッセージ」に含まれるべき内容としては、①何が自分(教員)に問題を引き起こしているか、②自分が受ける具体的な影響、③自分に湧き起こった感情、である。教員が自分の気持ちに気づき、率直になることで、子どもも正直に話ができる関係性が築かれていく。

引用文献

Gordon, T.(1974). *T. E. T : Teacher effectiveness training.* Pennsylvania : David McKay Company.(ゴードン,T. 著 奥沢良雄・市川千秋・近藤千恵(訳)(1985).教師学——効果的な教師=生徒関係の確立 小学館)

河合隼雄(2001).心理療法における転移／逆転移 河合隼雄・成田義弘・穂苅千恵・秋田巌・伊藤良子(編)講座心理療法6 心理療法と人間関係 岩波書店 pp.1-23.

考えてみよう

(1) あなたがこれまで出会ってきた教員の中で、好きだった教員を1人思い浮かべよう。そして、その教員のどんなところが好きだったかと、その教員と自分との関係性はどのようなものであったかを考えよう。

(2) 嫌い、あるいは苦手だった教員ではどうかも同じように考えよう。

第Ⅴ部

教育相談に役立つ心理支援

本章のポイント

　心理療法の技法は、こころの問題で困っている人への援助として発展してきた。しかし現在では、健康な人がより自分らしく生きるため、人との関係を豊かなものにするために、この知見が活用されている。この章で紹介する心理療法の技法の1つであるアサーションは、自分も相手もともに大切にする自己表現を身につけることを目指している。そこで、アサーションを行うために必要な自己理解およびアサーションを実現した自己表現・他者理解を、この章では学ぶ。コミュニケーションのための重要な道具である言葉の使い方、相手に伝わる表現の仕方は、練習により身につくものである。異なる考えを持つ相手と、どのようにコミュニケーションをとるのかを実際に考え、身近な人に実践してほしい。

1 アサーションとは

　英語では、主張、言明、断言と訳されるアサーション（assertion）であるが、語源はラテン語の合わせる、一緒になるという意味の serere と、〜へ、〜のそばでの意味の ad から作られている。この章でのアサーションの意味は、「自分の感情・思考・行動および基本的人権を、必要以上に阻止することなく自己表現する行動」（菅沼・牧田, 2004, p. 27）を通した、「自分も相手も大切にする自己表現」（平木, 2012a, p. 111）のことである。

　アサーションは、1940年代末にクライエントの自己表現力を高め、不安を低下させるためのカウンセリングの方法として、アメリカの心理学者であるサルター（Salter, A.）により作られた（菅沼・牧田, 2004）。1960年代になり、この実践に注目したウォルピ（Wolpe, J.）がアサーション・トレーニングと名づけ、行動療法の1技法として広まった。そして、1970年代になると、人種・性別による差別をなくす社会運動と結びつき、対象が健康な人にも広がり、社会の中で自己表現をするためのプログラムとして開発されていく。その基盤には、自分の望みを知り、それを適切に表現していくことはトレーニングにより可能で、人はより良く生きる権利を持つという思想がある。また、どの人にもアサーションを行う権利であるアサーション権があり、「私たち1人ひとりには、その過程で他者を傷つけないかぎり、自分らしくいる権利、自分を表現する権利、そして、そうすることを（無力感や罪悪感を抱くのではなく）すがすがしく感じる権利がある」（Alberti & Emmons, 2008　菅沼・ジャレット訳2009, p. 40）と考えられた。アサーション権は他にも、「人は過ちや間違いをし、それに責任をとってよい」という「人間である権利」（平木, 2012b, p. 63）などがある。

　そして、1980年代になり、論理情動療法のエリス（Ellis, A.）により、出来事への意味づけの癖に気づけるとアサーションが実行しやすくなることが見出され、行為だけでなく外界の捉え方も対象にしたトレーニングとなっていった。エリスは、ある出来事のために、感情が引き起こされるのではなく、出来事の受け止め方が結果としての感情や悩みを決めると考えた。たとえばあなたが、同じクラスのAさんから好かれていないと知り、悲し

くなったとしよう。好かれていない、だから悲しい、というつながりで物事を見るのは十分ではない。その間に、私はAさんから好かれているはずだ、もしくは私は皆から愛されなければいけないという思い込みが入っている。本来は、すべての人に愛されることは不可能なので、あなたがAさんから好かれていなくても不思議ではないはずである。このように、思い込みは意識されないまま人の考えに影響を与えている。アサーションを阻害しやすい思い込みとして、「危険や恐怖に出会うと、心配になり何もできなくなる」「過ちや失敗をしたら、責められて当然だ」「物事が思い通りにならないとき、苛立つのは当然だ」「人を傷つけてはいけない」（平木, 2012b, p.71）がある。アサーション権に、他者を傷つけないかぎりと書かれ、人を傷つけてはいけないのは当然のことなのに、思い込みの1つに数えられるのは不思議に思われるだろう。残念なことに、人はどんなに気をつけても相手のことを完全に理解することはできない。そのため、こころを傷つけてしまうことも、過失で人の身体を傷つけてしまうこともある。しないように注意することと、してはいけないと自分を縛ることは違う。アサーション権の1つに人間である権利として、人は過ちや間違いを起こすことがあり、それに対する責任を取ってよいと謳われているように、失敗を認め責任を取ろうとする中から、相手との交流を深めることも、粘り強く継続して相手との関係を改善していくことも可能になるのである。

　アサーションとは、自分について知り、他者と交流を深めながら、「自分に対する責任は自分で取る生き方を選ぶこと」（菅沼・牧田, 2004, p.33）ができるようになる人間像を目指している。そのためには、実際の行動を行う中で学んでいくので、①自分の考え方の傾向、気持ちや意見を把握すること、②それを具体的に表現できるようになること、③他者の気持ちや考えを理解することが必要であるとする。これらのうち、①と②について、次に述べていく。③については第12章、第13章を参照してほしい。

　アサーションは、「あなたと話し合いたい」という気持ちを、実現するための努力である。最初は適切な言葉が浮かばなくとも、背筋を伸ばし、相手の目を見て、はっきりと話すように気をつけたい。それが、アサーション実行の初めの1歩である。

2 自己理解

　自己表現をするためには、ありのままの自分を知る作業から始める必要がある。気持ちや思いはコントロールし難く、矛盾し、極端にもなる。だからといって、気持ちを抑制してしまうと、こころにあることを正直に感じることが難しくなる。そこでまずは、良し悪しとは別に率直に自身の気持ちを見ることから始めよう。たとえば、意見がはっきりしないというのも考えの1つで、「気持ちに何かあるのだけれど、まだ言葉にならない」と言語化される。そして、どのような意見の間で迷っていて、なぜ迷っているのかを言葉にしていく。また、「私は」から始まる表現を作ると、自分の気持ちがわかりやすくなる。たとえば、「A さんがうるさい」を、私を主語にすると、「私は、A さんの声を大きいと感じている」となる。私が感じている事柄に良し悪しはなく、A さんを非難する意味も含まれていない。他者に対する「なんでそんなことをするの！」の言葉は、「私はあなたの行動の意図を理解できない」となる。すると欲求としての、「私はあなたの行動を理解したいので、あなたからのより詳しい説明がほしい」が明瞭になる。このように、自分はどう思い、何をしたいと望んでいるのかを知ることが、次の、自分の気持ちを相手に伝えるための自己表現につながっていく。

3 自己表現

　人は場面や相手により表現の仕方が異なるものではあるが、選択しやすい表現様式もそれぞれ持っている。ウォルピは自己表現を3タイプに分けて考えた。それが、①非主張的(non-assertive)自己表現、②攻撃的(aggressive)自己表現、③アサーティブ（assertive）な自己表現、である。アサーティブとは、アサーションが実現されている状態を言う。

　①非主張的な自己表現では、自分よりも他者が優先され、自分の気持ちを表明しない、曖昧ににごす、小声で消極的に伝えるなどがなされる。自

分の気持ちや欲求を押さえて他者を優先した結果、やってあげたという恩
を着せる気持ちや、私だけが我慢しているという恨みの気持ちが生じる場
合がある。そのため、このタイプの人は、本来話し合わなくてはいけない
人とは別の人へ攻撃の矛先を向けたり、周囲には突然のように見える感情
爆発をしたり、体調不良や人への怖さが起きることがある。

　②攻撃的自己表現は、自分の気持ちや考えを一方的に強く主張し、相手
の気持ちは考慮しない自己表現である。怒鳴る、言葉で責める、相手を操
作的に動かそうとするなどの行動がある。相手を自分の思うままに動かそ
うとする関わりであるため、そうされた相手に不快感や委縮が生じ、安定
して継続する人間関係とはなり難い。

　この2つの自己表現は、自分を率直に表現することと、相手の気持ちや
考え、反応を受けとめることのバランスが崩れており、一方に偏っている。
両方が行われているのが、③アサーティブな自己表現である。「アサーティ
ブな自己表現は、率直で、確固として、肯定的な―しかも必要に応じて粘
り強い―行動で、人間関係において平等を促す意図を持っています。アサ
ーティブに成ることによって、自らの最善の利益のために行動し、過度の
不安を感じずに自分を擁護し、他者の権利を否定することなく自己の権利
を行使し、さらに、自分の感情（好意、愛情、友情、失望、困惑、怒り、後悔、悲
しみ）を正直に気楽に表現することができるようになります」（Alberti &
Emmons, 2008　菅沼・ジャレット訳2009, pp. 9-10）とされている。

　3タイプの自己表現の例を挙げると、2人でやるべき作業を相手の人が行
わずに帰ることに対して、①「……はい」、②「あなたも仕事してよ！」、③
「この作業は2人でやることになっているのでお願いします」となる。また、
友人たちが高価な品物を一緒に買うことを話していて、当然のように購買
を求められたときには、①「うん、いいよ（今の雰囲気を壊したくない。でもお
金をどうしよう）」、②「私はそんなものいらない！」、③「品質が良いのは知っ
ているけど、私には高価すぎるから買わないね」ということになろう。

　次に、メンテナンスのアサーション、問題解決のためのアサーションに
ついて詳しく述べる。メンテナンスのアサーションとは、挨拶、感謝、慰
めなどで、日常の関係を維持するために行われる。「おはようございます」
「ありがとう」「お疲れ様」という言葉かけは、相手への関心を示し、人間

関係の基底部分を維持、安定させるのに役立つ。普段からメンテナンスの
アサーションが行われていると、お互いの存在を認める関係ができやすく
なる。そして、問題解決のためのアサーションは、4つの手順で考えてい
く。それは、頭文字をとってDESC法と名づけられており、①状況や相手
を観察し、共有できる客観的事実を把握する（describe）、②自分の気持ち、
考えを適切につかまえる（express, explain, empathize）、③要求や希望を、具体
的な提案として言葉にする（specify）、④相手が自分の提案にイエスと言っ
た場合とノーと言った場合の、それぞれの対応を考えておく（choose）であ
る。このときに、非言語的表現が表現したいと思う内容と一致しているこ
とも大切である。たとえば、翌日に部活動の試合のために早起きをする予
定で寝ようとしていたら、友人から悩みを相談する電話がかかってきたと
しよう。①として、友人の相談内容が今日中に解決する必要があるのかを
把握し、②では自分はこの友人と話をしたいのか、したいとしたらどの時
間までが可能なのかを明確にして、気持ちや考えを、「私」から始まる言葉
で考えてみる。③「あなたが辛くて誰かに話したい気持ちは当たり前だし、
私もできたら話を聞きたいのだけれど、明日は部活の試合で朝早いので、
11時まで話を聞かせてくれる？」と具体的に提案する。④友人がイエスの
場合は聞き始め、友人がノーの場合は、「遅くなると明日の試合のことが気
になってきちんと話を聞けなくなるから、続きを明日の試合の後、ゆっく
り電話で話したい」と次の具体的な提案を行う。言い方は、穏やかな声音
で、きっぱりと言い切る。このときに気をつけることは、アサーションは
相手を思うままに動かすことを目的としていないことである。相手にもノ
ーを言う権利がある。そのため、相手がノーと言った場合の提案も作り、
落ち着いて自己表現が続けられるように準備しておく。

　アサーションは、率直な気持ちや考えを出し合いながら折り合っていく
ものなので、相手を責める、見下すような言い方は避けたほうがよい。た
とえば、「なぜ」「どうして」「当たり前」「はずだ」「当然」（平木, 2012b, p. 160）
などの言葉である。このような言葉を口にしていたら、自分の考えは絶対
に正しいと主張したくなっていないか、振り返ってみる必要があろう。

4　セクシャリティに関するアサーション

　個人の基本的人権の1つにセクシャリティ（sexuality）がある。セクシャリティは、身体的性別、性自認（gender identity）、性的指向（sexual orientation）、社会的性役割（gender role）から構成される（寺田，2020, p. 20）。身体的性別とは生物学的な性別を指す。性自認とはこころの性とも言われ、自己認識として自身を①男と思う、②女と思う、③どちらとも思わない、に分けられる。性的指向とは、性的な魅力を感じる対象が、①同性である同性愛、②異性である異性愛、③同性・異性ともに惹かれる両性愛、④どちらの性にも魅力を感じない無性愛に分けられる。社会的性役割とは、女らしさ、男らしさと言われる、性別により決まる社会的役割のことである。身体的性別2種類×性自認3種類×性的指向4種類の24種類に加えて、種類が明確にならない時期もあり、セクシャリティ理解には柔軟な想像力が必要である。思春期は、身体の成熟により身体的性別による特徴が明確になり、性的欲動が高まる時期である。また社会的には、制服、体育等、男女に分けられることが増える。誕生時に割り当てられた性別と、本人が認識している性自認が異なる（トランスジェンダー：transgender）ために起きる性別違和は、中学生までに本人が自覚することが多い。セクシャリティに関する学生・生徒のアサーションを援助する際には、セクシャリティは繊細な事柄であり、本人が初めて直面する課題であることを周囲が理解し、戸惑いや言いたくない気持ちがあって当然であるという前提で、本人の意向を確認していきたい。

トピック 日ごろの考え方（常識）チェック（平木，2012a, pp. 70-71）
　以下の項目は、日頃の考え方とどのくらい一致しているだろうか。これらの考えに縛られ過ぎると、アサーションが行いづらくなることがある。
①自分のすることは、誰からも認められなければならない
②人は常に有能で、成績を上げなければならない
③人の行いを改めさせるには、かなりの時間とエネルギーを費やさなけれ

　ばならない

④人を傷つけるのは、非常に悪いことだ

⑤危険や害がありそうなときは、深刻に心配するものだ

⑥人は誰からも好かれなくてはならない

⑦どんな仕事でも、やるには十分に、完全にやらなくてはならない

⑧人が失敗したり、愚かなことをしたとき、頭にくるのは当然だ

⑨人が間違いや悪いことをしたら、非難すべきだ

⑩危険が起こりそうなとき、心配すれば、それを避けたり被害を軽くしたりできる

引用文献

Alberti, R. E. & Emmons, M. L. (2008). *Your Perfect Right : Assertiveness and Equality in Your Life and Relationships.* 9th ed. Impact Publishers.
　（アルベルティ，R. E.・エモンズ，M. L. 著　菅沼憲治・ジャレット純子訳（2009）. 自己主張トレーニング　改訂新版　東京図書）
平木典子監修（2012a）. よくわかるアサーション　自分の気持ちの伝え方——自分も相手も大切にする、気持ちのよい自己表現　主婦の友社
平木典子（2012b）. アサーション入門——自分も相手も大切にする自己表現法　講談社現代新書
菅沼憲治・牧田光代（2004）. 実践セルフ・アサーション・トレーニング——エクササイズと事例で学ぶ　東京図書
寺田千栄子（2020）. LGBTQ の子どもへの学校ソーシャルワーク　明石書店

考えてみよう

　大学のゼミメンバーの集まりで、リーダー的同級生がみんなに向かい、「○○についての嘆願書の署名を集めています。名前と住所のご記入をよろしくお願いします」と言い、署名用紙の回覧を始めた。周囲の学生は次々と署名していく。だが、あなたはこの嘆願書に署名をしたくない。あなたはこの場面にどのように対応するか考えてみよう。

第17章 行動療法と認知行動療法

本章のポイント

　本章では、行動療法と認知行動療法について、基になっている理論と実際の方法を学ぶ。行動療法では、対象の問題行動を具体的でかつ小さな行動に分析する。そして、先行するどのような刺激によりその行動が生じたのか、行動の後に生起して行動を強めたり弱めたりする結果は何なのかを見立て、刺激・行動・結果のつながりに介入し、行動変容を起こそうとする。認知療法では、ものの受け取り方や考え方である認知に焦点を当て、自身の考え方の癖に気づいて、そのために生じる不適切な意味づけ・感情・行動に変化を起こそうとする。そして、行動療法と認知療法の技法を問題にあわせて組み立てたものが、認知行動療法である。

1 行動療法・認知行動療法の発展

　行動療法（behavioral therapy）、認知行動療法（cognitive behavioral therapy）は、さまざまな理論や臨床実践から現在の形へと作られていった。大きく３段階として、①1950～70年代におけるイギリスとアメリカでの行動療法の発展、②1960年代半ばからアメリカにおける認知療法（cognitive therapy）の成長、③1980年代後半からの、行動療法と認知療法が融合された認知行動療法の広い活用、に分けられる（Rachman, 1997 伊豫監訳 2003）。行動療法の理論は、パブロフ（Pavlov, I. P.）の古典的条件づけ（classical conditioning）、スキナー（Skinner, B. F.）のオペラント条件づけ（operant conditioning）、バンデューラ（Bandura, A.）の社会的学習理論（social learning theory）を基にしている。認知療法は、ベック（Beck, A. T.）の認知療法とエリス（Ellis, A.）の論理情動療法（rational-emotive therapy）により大きな影響を受けた。そして、行動と認知、両方の技法を組み合わせ、より適切な技法を目指していこうとするのが認知行動療法である。

2 行動療法とは

　行動療法では具体的な行動変容を目的にしている。行動療法で言う「行動」とは、人が行うすべてのことであり、反応や反射も含む概念である。不適切な行動が起きるのは誤って学習された、もしくは適切な学習を行わなかったためであり、不適切な行動の消去とともに、適応的行動を学習し直すことを目指す。

　学習には古典的条件づけという、自然に生起する行動が、ある特定の刺激と結びつくものがある。たとえば、すっぱいレモンを口に入れると唾液が出るが、その行動を何度も繰り返していると、レモンを見ただけで自然に唾液が出てきやすくなる。それは、レモンの視覚情報と酸っぱい味覚の２つの刺激が対で提示され続けたため、レモンの視覚情報と唾液が出る反

応が連結され、視覚が唾液を出す刺激になったためである。日常生活では
テレビの宣伝に応用され、大好きな歌手は楽しい気持ちと結びついている
ので、宣伝で商品と人気のある歌手を一緒に見せ、その商品にも楽しい気
持ちを感じるように働きかけている。オペラント条件づけは、自発的な行
動に対して快適な関わり（菓子、褒めるなど）を与えて行動頻度を上げたり、
不快な関わり（苦痛、叱るなど）を与えて行動頻度を下げたりして、行動を
強化し変化させる方法である。強化となる関わりを目的行動が出現した直
後に与えると、行動変容を起こしやすい。たとえば、おもちゃを買ってほ
しいと駄々をこねる子どもに対して親が叱ることは、不快な強化を与える
ので行動頻度を低下させ、子どもの駄々こね行動は少なくなる。ただし、
親から叱られる形でもいいので関心を向けられることを望んでいる子ども
の場合、叱られることが注目を集める快適な強化として働くため、駄々こ
ね行動頻度が上がる場合もある。強化が、対象とする相手にどのような意
味に受け取られているのかにより、行動頻度は変化する。また、社会的学
習理論によれば、子どもは他人の行動を見ると自分でも真似をして行う観
察学習を能動的にしている。そこで、モデルとなる人の行動を見せて、子
どもの行動に変化を起こそうとする。たとえば、テレビで人が踊るのを見
ていた子どもが、教えたわけではないのに、いつの間にか踊りを覚えてテ
レビの前で一緒に踊っているのを見たことがあるのではないだろうか。

　古典的条件づけの応用で、不安感や恐怖に対する治療方法として、ウォ
ルピ（Wolpe, J.）の開発した系統的脱感作法（systematic desensitization technique）
がある。人は不安なときに身体が緊張し、くつろいでいるときには身体の
力が抜けている。つまり、不安感と力の抜けた身体は一緒には生じないの
である。そこで、不安を感じた際、意図的に身体をリラックスさせること
で、不安感を起こりにくくしていく。漸進的筋弛緩法（第19章, p.200）、自
律訓練法などを用いてリラックスした身体になれるように練習した後、不
安を起こす場面リストを作成する。次に、不安の少ない場面順に、不安場
面想起とリラックスを同時に行っていく。たとえば、人前での発表が怖い
というような現実での取り組みが可能な場合は、イメージの場面想起だけ
でなく、少人数の中で自己紹介をする、意見を言う、というように少しず
つ負荷を上げながらリラックスした身体でいられるように努めていく。こ

うして、ある場面と不安感のつながりに変化を起こすのである。

　行動療法では、刺激と行動を小さな単位に分け、先行刺激（行動が生起するきっかけは何か、行動の前に何が起きていたのか）、行動（行動の様子）、結果（行動を強化しているもの。その行動の後に何が起きたのか、後続して生じた出来事は何か、周囲からの対応）を観察し、どうしてその行動が生起し維持されるのかを見立てていく。問題が生じているのは、ある行動が過剰もしくは不足している状態である。そこで、刺激と行動の連結を変えるために、刺激をなくす、新たな強化による関わりを行うなどして、過剰行動を低減し、望ましい行動を増やす変化を起こそうとする。山上（1997）は、知的発達に遅れがあり愛着も要求も暴力行為として表現されるため、身辺自立が妨げられていた9歳の子どもに対して行動療法を行った。叩きかける手をそのままつかんで握手にする、興奮が収まらないときは子どもをその場に1人で残すタイムアウトを行う、乱暴をしていないときには子どもに話しかけるという形で、増やす行動と減らす行動に対応している。「治療をするというよりも、生活の仕方を学習するというスタンスで治療をすすめる」（山上, 2007, p.36）のが特徴であろう。

　子どもに対して行われている行動療法の応用例として、本を1冊読み終わるとシールをもらえる、漢字の小テストで100点を取るとシールをもらえるなど毎回直接ではない強化を行い、一定数溜まると表彰されて褒められる、特典が貰えるという形で行動を強化する方法がある。

3　認知療法とは

　認知療法はベックにより、最初はうつ病の治療として開発され、対象を不安障害や強迫性障害に広げていった。認知とはものの受け取り方や考え方、判断や解釈する過程（大野, 2011）のことで、ひとは「自分が注意を集中しないかぎり、ほとんど気づく可能性がないような思考あるいは視覚的イメージ」（Beck et al., 1979 坂野監訳 2007, p.134）を持っている。そして、ある体験をしたときに、自動的にその思考に従って状況や自分自身を解釈し

意味づける。これを自動思考と言い、自身ではその考え方の習慣的パターンが妥当なのかを検討することは少ない。たとえば、友達にメールを送ったがすぐに返信が来なかったときに、「わたしは嫌われた」と意味づけるのは自動思考である。この意味づけにより、感情は不安定になり、行動は人に会いたくなくなり外出を控えるという悪循環が始まる。このように、考える間も置かずに体験した瞬間に、こういう意味だと決めつける自動思考に気がつき、現実とのずれを検討し、適切な経験を通して誤った意味づけの癖を修正していこうとするのが認知療法である。

　抑うつ状態になる人は、自分自身・自分をとりまく世界・将来について悲観的な自動思考を抱いていることが多い。たとえば、自分は駄目な人間である（自身）・こんな人間とつきあいたいと思う人はいない（世界）・この苦しみや辛さはこれからずっと続いていく（将来）、という思いが想起されやすい。そこで、①出来事に対して「どのような考えが浮かんでいたのか」と問いかけて、否定的で自動化された思考をモニターする。②認知、感情、行動の間に結びつきがあることを認識する。③自動思考の裏づけになる事実には当てはまらない事実を調べる。④より現実的な説明や代わりの考えを見つける。⑤自動思考に共通するテーマである基本的な人生観や人間観であるスキーマ（schema）を見つけ、こころの規則であるスキーマを検討するために、スキーマに従わなかったらどうなるのかをできる範囲の行動を実践して確かめていく。また、スキーマに反する行動も行っていることに気がつくようにし、本人が予測するほど悪い結果にはならないことを体験していく（Beck et al., 1979 坂野監訳 2007：大野, 1999）。認知療法はポジティブ思考になることを目指しているわけではない。瞬間的に行っている考え方や行動のパターンに気がつき、根拠となる事実と矛盾する事実を具体的に挙げて検討し、視野を広げて、より適応的な考え方や行動を身につけていこうとするものである。

　認知を扱う技法を提唱したもう１人が、論理情動療法のエリスである。論理情動療法の考え方は、「ABC シェマという論理に端的に集約される」（小林, 1997, p.50）。ABC シェマとは、原因となる出来事の A（activating event）が、信念 B（belief）により推論・評価され、情動的あるいは行動的結果である C（consequence）が生じる過程のことを指す。このときに、B が非合理的

な信念 (irrational belief) と呼ばれる思考スタイルを持っていることが、不適応行動や不適切な情動反応を引き起こす。そこで、エリスは非合理的信念を論破することが必要であると考えた。非合理的信念は、推論の誤り、もしくは不適切な評価という特徴を持つ。推論の誤りとは根拠のない仮説のことで、たとえば、友達に頼みごとをしたが断られたときに、「わたしは友達から好かれていない」として、他の可能性を考えないことである。不適切な評価とは、1つの失敗を「わたしは駄目だ」と広げるような評価、「失敗をしたわたしは許されない」とするような極端な評価、「友達なのだから頼みごとを引き受けてくれるべきだ」と改善を強要する評価である。論理情動療法では、「すべき」「ねばならない」という思考から、「という面がある」「であってほしい」という程度に思考スタイルを変えるように指示的に関わっていく (小林, 1997)。そして、認知を変化させるだけでなく、日常生活でも適用し、経験を通しての認知の再検討を行っていく。

4 認知行動療法とは

　行動と認知を扱う療法が組み合わされ、認知行動療法と呼ばれるようになった。そのため、特定の理論というよりは、認知と行動の変容を目的とする、さまざまな技法をその対象に合わせて選択して行う療法の総称である。多様な認知行動療法に共通する中心的技法として、セルフモニタリング (self-monitoring) と認知的再体制化 (認知的再構成 : cognitive restructuring) 法がある (坂野, 1997)。セルフモニタリングとは、自身の行動を客観的に見ることができるようにするための技法である。ホームワークとして自己観察記録をつけ、問題として焦点づけたい自身の行動を、観察、記録、評価していく。自分の行動、考え、気持ちが、どの場面でどのような形でどの程度の量生じているかは、案外気がついていないものである。自分についての具体的観察から、自分についての客観的理解も生まれる。そして、セルフモニタリングは、次の認知的再体制化へとつながっていく。認知的再体制化では、自分が自身を取り巻く状況に不適切な意味付けや名前付けを行

っていることを理解し、焦点づけたい問題に合わせて、自己分析、自己教示、リラクゼーションの習得などの技法を組み合わせ、認知の変容を促していく。

　認知行動療法の利用例として、小学校における認知行動療法の考えを基にした抑うつ予防のプログラムが考えられている（佐藤他, 2013）。小学生であっても抑うつ状態になることがある。ただ大人とは状態が異なり、楽しい気持ちが起こりにくい、イライラして攻撃的である、身体不調を生じやすい、自分はいらない子どもであると感じやすくなっているという状態になる。抑うつ状態と社会的スキルの弱さに関連が認められていることより、小学校高学年の子どもたちを対象に、社会的スキルを身につけることと、自分の気持ちに気がつき嫌な気持ちへの対処法を学ばせることを目的としている。社会的スキル習得には、SST（社会生活スキルトレーニング：social skills training）として、子どもにとって身近な場面での適切な行動を見せ、それを実行する際の注意点を具体的に伝え、子どもたちに実際の行動を考えさせ、練習を行う。認知的再体制化として、否定的な考えをしやすい癖に気がつき、対処法として、①思い込みの考えではないかを確認する、②自分を励ます言葉を見つける、③先生や友達など他の人ならそのことをどのように言うのかを考える、という形で新たな考え方を見つける練習を行う。

5　マインドフルネスとは

　行動や認知に変化を起こすのではなく、不適切な認知から距離をおくことで「行動や感情に対する認知の影響力を変化させることを目指す」（熊野, 2012, p.22）技法としてマインドフルネス（mindfulness）がある。マインドフルネスとは仏教の開祖である仏陀が提唱したこころのあり方だが、臨床心理学で使用されるときには宗教的な意味は含まない。今この瞬間、瞬間に起こっている体験に常に注意を向け、ありのままの思考や感情に気づき、そして気づいた体験をそのままにしておくように訓練した状態を言う。マインドフルネスにより、ストレスが低下し、集中力が高まり、創造性が伸

ばされると考えられている。

　マインドフルネスの訓練として、ここでは呼吸法と日常生活での練習法を例示する。呼吸法は、息を長く吐くことが心を落ち着かせる作用を活用し、意識しながらゆっくり呼吸をする練習である。吸気より呼気が長くなるようにしながら、ゆっくりと息を吐く。ゆっくりした呼気が難しい児童には、ろうそくの炎を揺らすような気持ちで息を吐くように伝える（Greenland, 2016 大谷他訳 2018）。日常生活の中でできる練習としては、たとえば飲食の際に、できるだけゆっくりとした動作で、そのときに起きる感覚を1つひとつ丁寧に感じながら飲食していく。そして、そのときに起きる思考や感情（たとえば、これを食べたら太るのが心配など）にも気づきを向けるが、そのままにして、静かに感覚に注意を向け続けるようにする（熊野, 2012, p.55）。

　マインドフルネスは、感情に反応せず、動揺せず、今の行為に注意を向け続けることを練習する。この練習による成果で、他者を冷静に攻撃することを可能にするという指摘もある。マインドフルネスは、「他者に害を及ぼさず、思いやることを良しとする倫理」（砂田・杉浦, 2021）を前提に行われることで、児童・生徒の成長につながる。どのような技法の実践も、他者への共感性が基盤となって適切に効果を発揮するのである。

▊▊トピック▊▊ 決めつける考え方をゆるめるには

　思い込みをゆるめ、現実に即した多面的考え方を育てるために、思考の柔軟体操をしてみよう。まずは、この問いを考えてほしい。「200円持って80円のノートを買った。おつりはいくら？」。簡単な計算問題であるが、答えは120円ではない。なぜならば、80円のノートに100円玉を2枚出す人はいないからである。だから答えは20円になる（織田, 1983）。あなたは現実場面を適切に思い浮かべられていただろうか。それでは、次は多面的見方の練習である。「紙おむつより布おむつの方が、吸収性が悪く、赤ちゃんが不快になる。だから、布おむつの方が赤ちゃんに良い」。この理由を考えてほしい。答えの1つは、「赤ちゃんがおしっこをした後に不快感があった方が、おむつよりトイレへ行ってしたくなるので、トイレ練習が進みやすい」である。このように、マイナスも目的によってはプラスになり、同じ事柄であっても見る視点により意味は変化する。最後に次の問いを考えてほしい。車が発車する際のうるさいエンジン音がなくなって、良いことと悪いことはなんだろうか。もしかして、無駄やいらないものは、この世の中にはないのかもしれない。

引用文献

Beck, A. T., Rush, A. J., Shaw, B. F., Emery, G. (1979). *Cognitive Therapy of Depression.* Gilford Press Inc.
　（ベック, A. T. 他著　坂野雄二監訳 (2007). うつ病の認知療法新版　岩崎学術出版社）

Greenland, S. K. (2016). *Mindful Games.* Shambhala.
　（グリーンランド, S. K. 著　大谷彰・浅田仁子訳 (2018). マインドフル・ゲーム　金剛出版）

小林正幸 (1997). 論理療法と認知行動療法　岩本隆茂・大野裕・坂野雄二編　認知行動療法の理論と実際　培風館　pp. 49-56.

熊野宏昭 (2012). 新世代の認知行動療法　日本評論社

織田正吉 (1983). ジョークとトリック　講談社現代新書

大野裕 (1999). 認知療法　氏原寛・成田善弘編　臨床心理学①カウンセリングと精神療法　培風館　pp. 176-185.

大野裕 (2011). はじめての認知療法　講談社現代新書

Rachman, S. (1997). Clark, D. M. & Fairburn, C. G. 編 (1997). *Science and Practice of*

Cognitive Behaviour Therapy. Oxford University Press.
（ラックマン，S. 他著　伊豫雅臣監訳（2003）．認知行動療法の科学と実践　星和書店　pp. 3-23.）
坂野雄二（1997）．さまざまな認知行動療法　岩本隆茂・大野裕・坂野雄二編　認知行動療法の理論と実際　培風館　pp. 57-71.
佐藤正二・佐藤容子・石川信一・佐藤寛・戸ヶ崎泰子・尾形明子（2013）．学校でできる認知行動療法——子どもの抑うつ予防プログラム　日本評論社
砂田安秀・杉浦義典（2021）．マインドフルネスは有害な行動にむすびつくか？——マインドフルネスと能動的攻撃の関連に対する危害／ケアの調整効果　パーソナリティ研究，30（1）．pp. 1-11
山上敏子（1997）．行動療法 2　岩崎学術出版社
山上敏子（2007）．方法としての行動療法　金剛出版

考えてみよう

認知行動療法で使用される技法を、より詳しく調べてみよう。

第 18 章　ブリーフセラピー

本章のポイント

　ブリーフセラピーとは、問題の原因を、クライエントの過去の対人関係の中や、現在の個人のあり方の中に求めることはぜず、現在の状態と将来にどのような変化を生じさせていくことが望ましいのかに焦点を当てる心理療法である。面接者が、能動的に具体的な行動指示を出すため、関わりの操作性の強さが注目されやすいが、指示は面接者がクライエントの思考様式を理解したうえで出されている。また、クライエントには問題に対処する能力があるとの考えに基づいている。この章では、解決志向モデルを中心に述べていく。

1 ブリーフセラピーとは

　ブリーフセラピー（brief therapy）とは、「過去に遡ったり問題の原因を訊ねることを排し、現在を見つめこれから先の治療的な変化を扱うとか、クライエントの主体的な活動を信じてセラピストの責任ある積極的な働きかけを重視する」（成瀬，1994，p.3）心理療法を包括した名称である。結果として、従来の人格変容を目的とする心理療法と比べて面接期間が短い傾向にあるが、面接回数を決める時間制限心理療法とは異なるので注意されたい。ブリーフセラピーの考え方の特徴として、次の3点が挙げられる（宮田，1994）。①問題は、個人の中にある課題や原因のためではなく、人と人との相互作用から生じてくる。②ブリーフセラピーでは小さな変化を起こすことを目標にし、それが全体の変化につながると考える。③対象は個人や家族に限定されず、相互作用の生じている対象であれば可能である。また、クライエントの変化しようとする健康な面に焦点を当て、具体的行動から問題を把握し、現在と未来の時間に目を向けている。

　ブリーフセラピーは、卓越した面接者として名高かったアメリカの精神科医ミルトン・エリクソン（Erickson, M. H.）の実践と人間観、ベイトソン（Bateson, G.）らのコミュニケーション研究から見出されたダブルバインド（double bind）の概念より発展した。エリクソンは「治療者の仕事は、それまでは問題解決に用いられることのなかった患者の能力や資質を、彼らが使うことのできるように、環境をつくることである」（O' Hanlon, 1987　森・菊池訳　1995, p.18）と考えた。そして、ダブルバインドとは、多層的な意味のコミュニケーションが行われ、ある要求がなされるが、それを密かに否定する要求もなされているような矛盾したコミュニケーションのことを言う。たとえば、親が表情などの非言語表現で嫌悪メッセージを発しながら、子どもに「抱っこしてあげるから、おいで」と呼びかけた場合、子どもが接近すれば親は不愉快さを出し、子どもが近寄らなければ、親は来ないことに怒る。子どもは親の感情に反応しても、親の言語に反応しても、親からの否定的メッセージを受け取るため、行動を選択できなくなる。このコミュニケーションに介入するのが、ブリーフセラピーである。

　ブリーフセラピーは、問題解決のためどこに焦点付けるかの違いから、①ストラテジック・モデル、②MRIモデル、③解決志向モデルの3つに大きく分けられる。

①**ストラテジック・モデル**（strategic family therapy）

　クライエントの問題を行動として同定し、その行動がクライエントの家族内でどのような連鎖行動を起こしているのかを明確にし、その連鎖行動を変えるためのストラテジィ（戦略）を考える。その際には、家族のヒエラルキーを重視する。変化の鍵は、クライエントに自分の行動の文脈の見方を変えさせられるかにある（Hoffman, 1981　亀口訳　2006, p. 387）。たとえば、セールスマンの仕事に就くために吃音を無くそうとしたクライエントに、人は早口の人よりも、もたもたと話をする人に注意を向けやすいことを説明し、良いセールスマンになるためにもっと吃音を起こすように励ます（Hoffman, 1981　亀口訳　2006, p. 390）などの介入が行われる。

②**MRIモデル**（mental research institute）

　1958年に開設された研究所であるMRIでは、1960〜70年代には家族療法の研究が中心であったが、1970年以降はブリーフセラピーへの取り組みが始まった（吉川, 2004）。問題行動が続く背景には、それが継続するように支えている、本人および周囲の人達の行動があると考える。そこで、「問題維持行動が変化すれば、問題は解決する」（宮田, 1999, p. 244）とし、ダブルバインドを治療的に使用する。たとえば、親にことごとく反抗する少年に対して、両親から「もっと親に反抗しろ」と命令する。少年は、命令に背こうとすると反抗しなくなることになり、もっと反抗すると親に従うことになるという状態に置かれ、反抗行動が減少することが多い（長谷川, 2005）。

③**解決志向モデル**（solution-focused brief therapy）

　クライエントが面接を求めてきた時点で既に起きているクライエントの変化に焦点付ける。また、変化が見出せない場合は、変化への過程を明確にしていくことで、治療的な解決を手に入れやすくなるように援助する。シェイザー（De Shazer, S.）とバーグ（Berg, I. K.）が中心となり発展した解決志向モデルについては、次節で述べていく。

2 解決志向モデルの考え方と方法

　解決志向モデルは、クライエントがこれからの自分はどのようになりたいのか、どう変わりたいのかを、変化のための初めの行動として明確で現実感のある具体的な行動として述べられるようになり、そのための努力を行うことを支援することを特徴とする。人は「未来に焦点を当てる」（森・黒沢，2002，p.15）ことが可能になったとき、新たな変化に向かい動き出せるようになる。中心哲学と呼ばれる3つのルールは、次の3点である。

①もしうまくいっているのなら、それを変えようとするな。

②もし一度やってうまくいったのであれば、またそれをせよ。

③もしうまくいかないのであれば、なにか違うことをせよ。

　クライエントは問題解決のための資源を持っているという大前提のもと、その問題に対処する最適任者であるクライエントの能力や行動を表れやすくするために、面接は設定されている。そのためにまず、クライエントから問題を説明してもらい、クライエントの問題に対する認識を、その通りそのままに面接者が理解し肯定する。そして、この問題がどうしてクライエントにとって問題であるかを確認し、クライエントが問題を解決するためにこれまで行ってきたことを尋ねる。面接者は、それまでのクライエントの努力をねぎらい、大変さを受容する。それから、クライエントに、問題のどの部分から取り組んでいったら良いのかを問う。その答えを受けて面接者は、それから取り組んでいくのが良いとわかる、どんなことがクライエントの生活に起きているのかと、問いを続けていく（De Jong & Berg，2008　桐田他訳　2008）。

　クライエントが自身の具体的行動変化に気づくことを助ける面接者の介入として、①コンプリメント（ほめること）、②ミラクル・クエスチョン、③例外探し、④スケーリング・クエスチョンがある。

①**コンプリメント**（compliment）

　クライエントの話から出てきた事柄から、クライエントが自分の長所や肯定的変化に気がつくことを助けるための賞賛を行う。また、今までクライエントが行ってきたことへの労をねぎらう。たとえば、「テスト勉強を

したくない」と言っている中学生に対して、「ぼやきつつ、中学生にもなるとテストのことをちゃんと気にかけているね」と賞賛する。このとき、面接者が、クライエントに気に入られたい、親切にしたいという気持ちではなく、クライエントの肯定的側面を見つける気持ちで行う。

②ミラクル・クエスチョン（miracle question）

　問題を解決した状態である将来像をクライエントが作り出せるように援助する方法として、ミラクル・クエスチョンがある。この質問にすぐにクライエントが答えることは難しいが、現実的具体的な答えを考えるための手助けを面接者が行いつつ明確化していくことが、クライエントの視点を将来に向け、クライエントが自身の考えを整理して、新しい可能性に気がつく過程になっている。ミラクル・クエスチョンは、柔らかな声音で、ゆっくりと穏やかに、クライエントが自分の経験を異なる視点で見るための時間をとるために、何回か間を置きつつ聞いていく。そして、「クライエントが満足のいく将来のイメージを表現できるように質問を続けていく」（De Jong & Berg, 2002　玉真他訳　2004, p. 102）。具体的には、次のように言う。「ここで変わった質問をするけど、いいかな……。今夜眠っている間に……奇跡が起きたとして……、その奇跡っていうのは……、今日あなたがここへ来ることになった問題が解決することなんだ……。でもあなたは眠っていたから奇跡が起こったことを知らないんだ……。目がさめて何かが違うとわかる奇跡の最初のしるしは何だろうか」（De Jong & Berg, 2002　玉真他訳　2004, p. 103）。

　現実的な目標の特徴として、①小さいこと、②具体的で、行動的で、明確なもの、③何か違うこと、が大切である（De Jong & Berg, 2002　玉真他訳　2004, p. 306）。また、否定形ではなく肯定形の形で話される（森, 2000, p. 24）ことにも気をつけたい。目標の例としては、「友人と喧嘩をしなくなる」ではなく、「友人に教室で朝会ったときに、自分からおはようと言う」などである。

③例外探し

　問題が起きている中でも、なぜかその問題の程度が弱かったときが過去にあったという場合が考えられる。例外の生起は解決の一部分が既に生じているからと考え、その例外では、問題が生じたときとどのように違うの

かを、誰が、何を、いつ、どこでして、その例外の時間が生じたのか明らかにしていく。

④スケーリング・クエスチョン（scaling question）

クライエントにある特定の時間での気持ちや状態などを、「0 から 10 の尺度で、0 は全く起こらない、無い状態、10 はいつも起こる、強い状態として、現在、それはどの位なのか」を考えてもらう関わりである。クライエントが自分の状況を具体的に把握し、良くも悪くも値の違いがなぜ生じたのかを考えることが、変化を見出すきっかけになる。

面接はクライエントが何かを望んだり、問題に取り組みたい欲求があるときにのみ開始される。面接者から見て問題があると感じたとしても、クライエントに対して問題を提起することはしない。たとえば学生相談のような場面では、クライエントは少し問題だと感じているが、まだ相談をする気もちがかたまっていない場合がある。そのときには、面接者からクライエントに面接を勧めることはせず、コンプリメントのみをして「また顔を出してね」と別れる（森・黒沢, 2002, p.71）。

トピック クライエントへの敬意(De Jong & Berg, 2008 桐田他訳 2008, p. 42)

　クライエントの話を面接者が敬意を持って聞けていると、面接者の非言語的行動は以下のようになっていることが多い。こころは行動に表れるが、行動を整えることでこころの働きが決まる面もある。話を聞く際の自身の様子は、次のようになっているか。自身を観察してみよう。

①声のトーンをクライエントの口調に合わせる。

②視線を合わせる。

③時々うなずいてクライエントの話について行っていることを示す。

④クライエントの言葉に応じて表情を変化させる。

⑤やさしさと理解を表すために適切なときに微笑む。

⑥時折手のジェスチャーを使う。

⑦クライエントの近くに座る。

⑧ほどほどに言葉をはさむ。

⑨関心を持ち集中していることを示すために心もち身体をクライエントの方へ傾ける。

引用文献

De Jong, P. & Berg, I. K.（2002）. *Interviewing for solutions*. 2nd ed. Brooks/Cole.
　（ディヤング, P.・バーグ, I. K. 著　玉真慎子・住谷祐子・桐田弘江訳（2004）. 解決のための面接技法——ソリューション・フォーカスト・アプローチの手引き　第2版　金剛出版）

De Jong, P. & Berg, I. K.（2008）. *Interviewing for solutions*. 3rd ed. Brooks/Cole.
　（ディヤング, P.・バーグ, I. K. 著　桐田弘江・玉真慎子・住谷祐子訳（2008）. 解決のための面接技法——ソリューション・フォーカスト・アプローチの手引き　第3版　金剛出版）

長谷川啓三（2005）. ソリューション・バンク——ブリーフセラピーの哲学と新展開　金子書房

Hoffman, L.（1981）. *Foundations of family therapy*. Basic Books.
　（ホフマン, L. 著　亀口憲治訳（2006）. 家族療法の基礎理論——創始者と主要なアプローチ　朝日出版社）

宮田敬一（1994）. ブリーフセラピーの発展　宮田敬一（編）ブリーフセラピー入門　金剛出版　pp. 11-25.

宮田敬一（1999）. ブリーフセラピー　氏原寛・成田善弘（編）臨床心理学①カウンセリ

ングと精神療法　培風館　pp. 243-252.

森俊夫（2000）. 先生のためのやさしいブリーフセラピー——読めば面接が楽しくなる　ほんの森出版

森俊夫・黒沢幸子（2002）. 森・黒沢のワークショップで学ぶ　解決志向ブリーフセラピー　ほんの森出版

成瀬悟策（1994）. ブリーフセラピーの発展を願って　宮田敬一（編）ブリーフセラピー入門　金剛出版　pp. 3-4.

O' Hanlon, W. H.（1987）. *Taproots : Underlying principles of Milton Erickson's therapy and hypnosis.* Norton.
　（オハンロン，W. H. 著　森俊夫・菊池安希子訳（1995）. ミルトン・エリクソン入門　金剛出版）

吉川悟（2004）. セラピーをスリムにする！——ブリーフセラピー入門　金剛出版

考えてみよう

コンプリメント（ほめること）は練習を行うと、自然に適切な表現が出やすくなる。夜遊びが多く、そのために授業を休みがちな生徒が、昼休みの時間に、生徒指導担当であるあなたに会いに来た。まずは、来たことに対して、相手の気持ちを織り込みながらコンプリメントの言葉を考えよう。

第19章 ストレスマネジメント

本章のポイント

　ストレスマネジメントには３段階ある。第１段階は、物理的・心理的な刺激（ストレッサー）を特定すること、第２段階は、ストレッサーによって変化した心身（ストレス反応）の状態に気がつくこと、第３段階は、変化した心身の状態を解消して元に戻すことである。同じストレッサーを受けても、心身に現れるストレス反応は、個人の性質や主観的な意味づけにより異なってくる。つまり、ストレッサーにより引き起こされるストレス反応は人それぞれであり、解消法も人によって適したやり方がある。そこで本章では、ストレスマネジメントに関する基本的知識を得ることで、ストレス反応で弱った心身への気づき方とその解消法を学習する。

1 ストレスマネジメントとは

　震災や事故、事件という目に見えやすい大きな出来事だけでなく、厳しい競争やいじめという日常生活の中で生じる心身の疲弊が、子どもにも大人にも見られるようになってきた。この状態が長く続くと、やがて健康を損なうことになる。そのため、病や問題を予防し、各個人の能力をより活かせるようにするにはどうしたら良いのかが考えられるようになった。ストレスマネジメント（stress management）とは、①今の自分が受けている物理的・心理的刺激を特定し、②その刺激によって自分自身に生じている変化から、心身の状態に気づき、③変化した心身の状態を解消して元の状態に戻すという3つの過程から構成されている、心身の健康増進を目的として開発された技法である。ストレスマネジメントは、日常生活の中で行うことが可能であり、健康な人から病に苦しんでいる人まで、すべての人を対象にしている。

2 ストレッサー

　ストレス研究の緒を開いたセリエ（Selye, H.）は、人が環境からのさまざまな刺激に対して適応していく過程で、身体の一部のみではなく全身的に生じる消耗状態を、「全身適応症候群（general adaptation syndrome）」（Selye, 1976　杉他訳　1988, p.4）として、ストレスの重要性に注目した。そして、ストレスを生じさせる刺激をストレッサー（stressor）と名づけた。ストレッサーには、暑さ寒さや痛みのような物理的な刺激と、成績が上がらないことを気に病むといった心理的刺激がある。心理的ストレッサーについてラザルス（Lazarus, R. S.）は、「ある個人の資源に何か重荷を負わせるような、あるいは、それを超えるようなものとして評価された要求」（Lazarus, 1988　林訳　1990, p.22）であると述べている。たとえば、パソコンの好きな人と嫌いな人が、同じパソコン作業を与えられたとしたら、片方は楽しい時間

を過ごし、もう一方は重荷と感じるだろう。また、同じ試験勉強というストレッサーであっても、全力を尽くせば良いと考えて勉強に励む人と、絶対に 90 点以上を取らないと自分は周囲から軽んじられると考えて勉強に向かう人とでは、試験勉強の意味づけが違う。このように、ストレッサーには個人の資質と主観的意味づけが関与している。

　ストレッサーは大きく、2 種類に分けることができる。1 つ目は、ライフイベント（life event）と呼ばれる、家族や親しい人の死、家族の健康問題などの、人生上の大きな変化を指す（Holmes & Rahe, 1967）。両親の離婚、転校、入学試験の失敗（嶋田, 1997）もライフイベントである。「ライフイベントに共通していることは、これまでの生活パターンを、その出来事により生じた状況に適応するために変えなければならないこと」（中野, 2005　p.17）であり、再適応には多くのエネルギーが必要となる。もう 1 つは、デイリーハッスルズ（daily hassles）と言い、「日々に起きるどちらかといえば小さなマイナーな、しかし私たちが日常経験しなければならない煩わしさ」（Lazarus, 1988　林訳　1990, p.33）のことである。たとえば、授業の進みが速い、自分の容姿が気に入らない、隣席の人と気が合わないなどを言う。ストレスは、ストレッサーの質、強さ、期間と、ストレッサーを受ける個人の特徴が影響しあって意味と負担感が決まる。ストレッサーを特定するには、自分の心身状態を客観的に見つめ、変化を感じとったらその原因を考えるといった行動を習慣にすることから始めると良い。また、ストレスの生じている状態は悪いだけではなく、問題に取り組む過程が自己評価を高める、新たな自分の可能性を開発できたなど、人を成長させる場合も少なくない。ストレスは、人が生きている限り存在するので、どう付きあっていくかが課題であろう。

　ストレスが強く生じているかは、身体的反応、心理的反応、行動的反応の 3 側面から見ていく。たとえば、身体に頭痛や胃痛、肩こりを生じていないか（身体的反応）、心理的にイライラしたり、不安、落ち込みが強くなっていないか（心理的反応）、行動が攻撃的になったり、忘れ物が多くなるなど注意力が下がっていないか（行動的反応）に関心を向けてみる。このような反応が普段より多く、もしくは日常的に見られるならば、ストレッサーにより生体にひずみが生じている状態、つまりストレス反応が生じていると

みなしてよい。

3 コーピング

　ストレッサーが多くなると心身の健康が阻害されてしまうため、その影響を低減するためにコーピング（coping：対処）が行われる。コーピングとは、「能力や技能を使い果たしてしまうと判断され自分の力だけではどうすることもできないとみなされるような、特定の環境からの強制と自分自身の内部からの強制の双方を、あるいはいずれか一方を、適切に処理し統制していこうとしてなされる、絶えず変化していく認知的努力と行動による努力」(Lazarus & Folkman, 1984　本明他監訳　1991, p. 143) のことである。たとえば、いじめられていることを友人に相談する、苛立つ出来事の中に自分にとってプラスになるような意味づけを考える、適度な運動を行うなどである。また、疲弊している状態への対処として、積極的に休養を取ることも大切なコーピングである。コーピングは、①問題中心型コーピング (problem-focused coping)、②情動中心型コーピング (emotion-focused coping) の2つに分けられる (Lazarus, 1988　林訳　1990)。問題中心型コーピングは、周囲の環境に働きかける、自身の行動を変えるという、実際的な変化を起こそうとする対応行動である。一方、情動中心型コーピングは、何をやっても状況が変わらないのであれば、周囲の状況変化を求めるのではなく、自分の考え方や感じ方を変えようとする。たとえば、心配な物事を考えることを止める、「こんなことたいしたことではない」と考える、他のことを行い気分転換をはかるなどが当てはまる。どちらのコーピングを採用するかの判断は、そのときの周囲の状況、本人の性格、ストレッサーによって異なる。また、うまくいったコーピングが別の状況では有効に働かないことがある。したがって、「そもそもストレッサーなどはないと思い込む」といった問題の否認などのコーピング方法も含め、コーピングの選び方は単一ではなく柔軟性が必要である。

4 ストレスマネジメントの主な技法

　ストレスマネジメント技法を4分類で示す（嶋田・鈴木，2004）。

①環境への介入　ストレッサーを軽減するように環境を調整する。たとえば、教室の席替えを提案する、本人を支援する対人ネットワークを作り支援体制を整える、負担になっている課題を少なくするなどがある。また、周囲に手助けを求めることも、適切な環境への介入方法である。

②考え方への介入　物事や自分に対する否定的な考え方や自分の成果に対するマイナスの評価傾向など、不快な気分を起こしやすい考え方を変化させる。そのために、自身について行動や思考の記録を残して思考のパターンに気がつけるようにするセルフモニタリング、「失敗は成功の元」など自己評価を高める言葉を自分に言うなどがある。「**第17章　行動療法と認知行動療法**」も参照してほしい。

③コーピングへの介入　問題への対処方法を学習、練習して、自分に合ったコーピングの種類を増やしていく。たとえば、時間が足りないと感じるときには、時間管理の方法を身につける（中野，2005）。まず、自分の目標を、大目標・1年後の目標・1か月後の目標として書き出す。次に、自分が1日の時間をどのように使っているのか、詳細に1週間分の記録をとり、勉強・仕事・娯楽・移動・予定間の余裕のための時間の各合計時間を算出する。こうすると目に見えて、時間の使い方の特徴と偏りが明らかになる。そして、自分の目標に従いどの活動を優先させるのかの優先順位を決め選択していく。目標実現のために使う時間を、メールチェックの間隔や頻度を決めるなどして作る。「**第16章　アサーション**」もコーピングの1つである。

④ストレス反応への介入　心身に生じる反応や症状の軽減方法を身につける。呼吸法、漸進的筋弛緩法、自律訓練法、動作法などがある。ここでは、呼吸法と漸進的筋弛緩法の簡略法を紹介する。

　呼吸法は、深くゆったりした腹式呼吸を行うことでリラックスした心身状態を作る方法である。椅子の背に軽くもたれて座り目を閉じて、10秒かけてゆっくりと口から息を吐き出し、次に3秒かけて鼻から息を吸い、1秒止める。そしてまた、口から10秒かけて息を吐ききることを繰り返す。

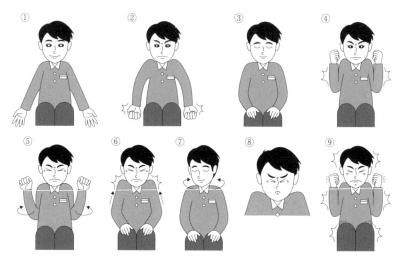

図 19-1　漸進的筋弛緩法の簡易方法　(山口〔2014〕pp. 154-155 参照)

　漸進的筋弛緩法は、緊張や不安、不快を感じて、いつの間にか硬くなってしまった身体をゆるませる方法である。横になるか、いすに深く腰をかけた状態で、身体の一部分に約10秒力を入れた後、力を抜いてゆっくり膝に手を下ろし、約15秒力の抜けた感覚を味わう。最初に、①腕を前に伸ばし、②親指を中にしてこぶしを強く握り力を入れる。③力を抜いて手を膝に置く。力の入れ方は、④上腕は、こぶしを握った状態で、肘をまげて手を肩まで上げて力を入れ、⑤背中は腕を曲げた状態で肩甲骨を引きつけるようにし、⑥両肩は手を下ろしてから思いっきり両肩を上に上げる。⑦首だけは力を込めずに右にひねって5秒保ち戻し、左も同様にする。⑧次に顔の中央に目口が集まるように力をこめる。⑨最後に、①から⑧までの部分すべてに力をこめる。身体の強張りに気がつくためには、力が抜けた感覚を感じることが大切である。

　ストレスマネジメント教育を行う際に、初めのテーマとして取り組みやすいのは「プレッシャー」である (冨永, 1999)。試験や学校行事など、身近な目標を設定して、プレッシャーへの考え方やリラックスの仕方を伝える。

5　トラウマ・ストレスマネジメント

　災害、性被害、交通事故など、こころの外傷になるような衝撃の高い出来事に出遭ったとき、その出来事に関して話すことが困難になる場合がある。衝撃が大きすぎて、自分の身に起きたとは思えない、思いたくないこころが働くからである。そして、反応として、ショックな出来事を今体験しているかのように鮮明に思い出す、感覚が非常に敏感になる、周囲の現実感が失せて感情がなくなってしまったかのような状態になることがある。これは異常な状況に対する正常な反応である。このような状態に陥ったときには、通常のストレスマネジメントについて学んだ後に、安全な場の中で、耐えがたくて避けている状況や出来事に少しずつ関わって、安全感を実感できるようにしていく（冨永, 2010）。また、「あんなことが生じたのは、自分が悪いから」という自責的・無力な考えが生じやすいので、「わたしは悪くない。わたしはがんばった」のような肯定的な意味に読み替えていくことも重要な作業である。そして、人や周囲の世界が怖くなってしまった状態から回復していくためには、付き添いなどの現実的な支援を受けながら、できるだけ今まで通りの日常生活が送れるように努めていく。

▌トピック▌　ストレスと免疫

　「ストレスはスパイスと考えればいい。カレーに例をとると、辛くないのは味気ない。でも激辛は困る。」（昇, 1995）。ストレスがなさすぎると、人は活性化されない。しかし、病という大きな悩みと身体不調を抱えたときに、あなたは新たなストレッサーを欲するだろうか。アルプス最高峰のモンブランに登ることは、過酷な環境に身を置くことである。その課題に、がんを患ってからあえて挑戦した一般の人々がいる（伊丹, 1988）。治療や手術を行いながら、初めての雪山登山のための訓練を続け、頂上に到達した。生きがいを持ち、笑い、1日1日を全うすることが、免疫力を活性化する可能性が示唆されている。今日、あなたは力一杯生きただろうか。

引用文献

Holmes, T. H. & Rahe, R. H.（1967）. The Social Readjustment Rating Scale. *Journal of Psychosomatic Research* **11**, 213-218.

伊丹仁朗（1988）. 生きがい療法でガンに克つ　講談社

Lazarus, R. S. & Folkman, S.（1984）. *Stress, Appraisal, and Coping.* Springer Publishing Company, Inc.
　（ラザルス，R. S. & フォルクマン，S. 著　本明寛・春木豊・織田正美監訳（1991）. ストレスの心理学――認知的評価と対処の研究　実務教育出版）

Lazarus, R. S.（1988）. *Measuring Stress to Predict Health Outcome : A Lecture.*
　（ラザルス，R. S. 講演　林峻一郎編・訳（1990）. ストレスとコーピング――ラザルス理論への招待　星和書店）

中野敬子（2005）. ストレス・マネジメント入門――自己診断と対処法を学ぶ　金剛出版

昇　幹夫（1995）. 免疫機能と活性化――笑いの医学的考察　笑い学研究 **2**, 87-90　日本笑い学会

Selye, H.（1976）. *The Stress of Life*, revised edition. McGrew-Hill Book Co. Ltd.
　（セリエ，H. 著　杉靖三郎・田多井吉之助・藤井尚治・竹宮隆訳（1988）. 現代社会とストレス［原書改訂版］法政大学出版局）

嶋田洋徳（1997）. 子どものストレスとその評価　竹中晃二編　子どものためのストレス・マネジメント教育　北大路書房　pp. 9-40

嶋田洋徳・鈴木伸一（2004）. 学校、職場、地域におけるストレスマネジメント実践マニュアル　北大路書房

冨永良喜（1999）. 心の教育とストレスマネジメント教育　冨永良喜・山中寛編　動作とイメージによるストレスマネジメント教育　展開編　北大路書房　pp. 1-20

冨永良喜（2010）. トラウマ・マネジメント法　日本心理臨床学会支援活動プロジェクト委員会編　日本心理臨床学会監修　危機への心理支援学――91のキーワードでわかる緊急事態における心理社会的アプローチ　遠見書房　p. 46

山口孝夫・宇宙航空研究開発機構（監修）（2014）. 生命を預かる人になる！　ビジネス社　pp. 154-155.

考えてみよう

あなたが中学生のときのストレッサー、それに対しての反応とコーピングを思い出し、中学生のときのあなたに最も適切なコーピングを助言する言葉を作ってみよう。

第VI部

教育相談のための連携と協働

本章のポイント

　現在学校には、養護教諭だけでなく、スクールカウンセラーやスクールソーシャルワーカー、特別支援教育支援員など、生徒を支援するためのさまざまな教職員が勤務するようになっている。担任は、「チーム学校」という考え方に基づき、これらの教職員と連携・協力しながら、生徒を支援していくことが求められる。本章では、児童生徒に対する効果的な支援のために、これら養護教諭、特別支援教育支援員、スクールカウンセラー、スクールソーシャルワーカーという職種について理解を深め、望ましい連携のあり方や、連携の際の注意点などについて解説を行う。

1 学内連携とは

　教育相談における学内連携とは、問題を抱えた生徒を学内で支援する際に、校内の教職員が連携をとりながら、協力して支援することである。

　文部科学省（2017）は、「児童生徒の教育相談の充実について（通知）」として、以下の通知を行っている。

①未然防止、早期発見・早期支援などへの体制構築：不登校、いじめや暴力行為、子どもの貧困、虐待などについては、発生してからの対応のみではなく、未然防止、早期発見・早期支援、さらには、改善・回復、再発防止まで一貫した支援に重点を置いた体制づくりが重要であること。

②学校内でチームとして取り組み、関係機関と連携した体制づくり：学校内の関係者が情報を共有し、教育相談にチームとして取り組むため、早期から気になる事例を洗い出し検討するための会議を定期的に実施し、解決すべき問題については、必ず支援・対応策を検討するためのケース会議を実施することが必要であること。

③教育相談コーディネーターの配置・指名：学校において、組織的な連携・支援体制を維持するためには、学校内に、児童生徒の状況や、学校外の関係機関との役割分担、スクールカウンセラー（以下 SC）やスクールソーシャルワーカー（以下 SSW）の役割を十分に理解し、初動段階でのアセスメントや関係者への情報伝達などを行う教育相談コーディネーター役の教職員が必要であり、教育相談コーディネーターを中心とした教育相談体制を構築する必要があること。

④教育相談体制の点検・評価：学校の教育相談体制について評価するため、児童生徒および保護者からの意見聴取などを行い、利用者も含めた教育相談体制の見直しを必要に応じて行うことが重要であること。また、教育委員会は、SC および SSW の活動方針を明確にするため、具体的な活動計画を策定、実施し、定期的に評価を行う必要があること。

⑤教育委員会における支援体制のあり方：教育委員会は、学校や域内の教育支援センターなどで SC および SSW が適切に活動でき、児童生徒にとって適切な環境が構築されるような支援体制を構築する必要があること。

⑥活動方針などに関する指針の策定：SC、SSW の効果的な活用のための
「活動方針などに関する指針」を策定または見直しを行い、教育相談のさ
らなる充実を図ること。

　学校では児童生徒の問題に対応するために、教育相談体制の充実を図っ
ており、そのためにまずは校内での連携が非常に重要になってきていると
言える。文部科学省（2017）は、この学内連携について、「チーム学校」と
いう考え方を打ち出しており、具体的には以下のように進めるとしている。

①専門性に基づくチーム体制の構築：教職員が、学校や子どもたちの実態
　を踏まえ、学習指導や生徒指導などに取り組むことができるようにする
　ため、指導体制の充実を行う。加えて、心理や福祉などの専門スタッフ
　について、学校の職員として法令に位置づけ、職務内容などを明確化す
　ることなどにより、質の確保と配置の充実を進める。

②学校のマネジメント機能の強化：専門性に基づく「チーム学校」を機能
　させるため、優秀な管理職を確保するための取り組みや、主幹教諭の配
　置促進、事務機能の強化などにより、校長のリーダーシップ機能を強化
　し、これまで以上に学校のマネジメント体制を強化する。

③教職員１人ひとりが力を発揮できる環境の整備：教職員がそれぞれの力
　を発揮し、伸ばしていくことができるようにするため、人材育成の充実
　や業務改善などの取り組みを進める。

　以上のように、学校内での教職員の連携が重視されるようになってきて
いるが、教育相談領域の連携の具体的な目的としては、①生徒に関する情
報を共有することを通じて、生徒理解を深めることと、②教職員が協力し
合って役割分担をしながら、支援方針を共有し、生徒に適切に援助を行う
という大きく２つの目的がある。そして、効果的な連携の実現のためには、
それぞれの役割について、お互いに理解をしていること、また、日頃から
良好な教職員間の信頼関係を作っていることが、何より大切である。

　学内連携を担う教職員としては、担任を中心として、学年主任、教育相
談コーディネーター、生活指導担当、養護教諭、特別支援教育支援員、SC、
SSW などである。ここでは、担任が学内連携を行う主な相手として、養護
教諭、特別支援教育支援員、SC、SSW を取り上げ、それぞれの役割につ
いて紹介をしたうえで、具体的な学内連携のあり方について解説する。

2 養護教諭との連携

A 養護教諭とは

　養護教諭は日常的にケアを行う保健室での活動を通じて、担任とは異なる立場で悩みを持つ生徒と関わることが多い。このような関わりから、養護教諭は適応に問題を抱える生徒の情報を持って心理面のケアも行っており、校内の教育相談領域においても、重要な役割を担っていると言える。

B 養護教諭との連携のあり方

　養護教諭との連携としては、保健室に通う生徒がいる場合、担任と養護教諭との間で、その生徒の様子や、次に保健室に来たときに、どのような対応をするかについて、方針を決定して共有しておくことが望ましい。

　また、養護教諭との連携が重要となるものとして、保健室登校がある。保健室登校とは、登校はするものの、教室には入れずに保健室にいる状態のことである。ここでは、文部科学省（2011）による「教職員のための子どもの健康相談及び保健指導の手引」を基に解説を行う。保健室登校をする生徒は、登校に対する抵抗感は少なく、一部の教職員とコミュニケーションはとれるが、教室で授業を受けたり、クラスメイトと過ごしたりすることには困難を感じている状態にあると言える。したがって保健室登校は、不登校状態にあった生徒が、教室に復帰する前段階としてのステップの役割を持つ。さらに、教室に入ることに不安・恐怖感や抵抗感があって教室に入りづらい生徒が、不登校にならずに学校生活を送ることができる役割を持つことから、不登校問題を解決・予防する1つの手段となっている。

3 特別支援教育支援員との連携

A 特別支援教育支援員とは

　特別支援教育支援員（以下、支援員）とは、小・中学校において障害を持

つ生徒に対し、学校における日常生活動作の介助を行ったり、発達障害を
持つ生徒に対し学習活動上のサポートを行ったりする職員である。

B　特別支援教育支援員との連携のあり方

　支援員による学習支援を有効なものとするために、担任として以下のよ
うな支援員との連携が必要となる。

①当該生徒の持つ発達障害の種類や、ハンディキャップの程度について、
　支援員が正確に理解できるよう伝えること。

②担任から、当該生徒の学習面の課題、発達面の課題を伝え、それを踏ま
　えた当該生徒への指導の目標と方針を説明し、支援員に理解してもらっ
　たうえで、具体的な支援方法を話し合って決定すること。

③支援を繰り返しながら、担任は支援員の感じている難しさや疑問を聴き
　取りつつ、当該生徒の様子を踏まえて、支援の効果を検証する。

　さらに、支援員が特定の生徒を支援することから「なんでえこひいきを
するのか」「あの子は何もできない子だから助けてもらっている」など、他
の生徒の誤解や偏見を生んでしまうことに注意が必要であり、周囲の生徒
の障害理解促進も必要である。具体的には、まず当該生徒本人と保護者の
了解のもと、「誰でも困っている生徒がいれば、先生は助ける」ことを伝え、
当該生徒に支援が必要であることを、周囲の生徒にわかりやすく伝える。

4　スクールカウンセラー（SC）との連携

A　SCとは

　SCとは、生徒の生活上の問題や悩みについて校内でカウンセリングを
行うとともに、不適応状態の心理発達的な背景を見立て、支援の方針や関
わり方などについて教職員や保護者に助言などを行う「心の専門家」であ
る。主に公認心理師、臨床心理士、精神科医、心理学系の大学教職員など
の臨床心理学に関わる専門家が任用されている。勤務は自治体や学校によ
り週1日から常勤などさまざまで、地域の複数の学校を受け持つ巡回型な

どもある。主な業務は以下のように多岐にわたる。

①生徒本人への支援。カウンセリングや家庭訪問など。

②保護者への面接と関わり方への助言。

③教職員へのコンサルテーション、カウンセリング。

④関連する校内会議などに参加し、専門的な視点から助言を行う。

⑤教職員、生徒、保護者への、校内研修や心理教育授業、講話の実施。

⑥ストレスチェックやアンケートなど予防的対応や調査。

⑦事件・事故・災害などの緊急対応における被害生徒の心のケア。

　相談内容は不登校に関することが最も多いが、いじめ、友人関係、親子関係、学習関係など多岐にわたり、近年は発達障害、精神疾患、自傷行為、暴力や非行、虐待や性被害、ヤングケアラー、自殺予防、教職員のメンタルヘルスなど幅広い対応が期待されている。多様なケースに対応するため、地域資源との連携も大切な業務である。

B　SCとの連携とコンサルテーション

　生徒や保護者が悩みを抱えて、教職員に対してSCへの相談を希望する、または相談していることを報告してくることがある。また、家での子どもとの関わりに悩む保護者に対して教職員がSCへの相談を勧める場面も出てくるだろう。その際に教職員は、予約の方法を伝えるなどしてSCと繋ぎ、SCに対して予約の経緯や当該生徒のクラスでの様子などの情報を伝えることができる。SCからも、本人の許可が得られた範囲で、状態の見立てや必要な対応、クラスでの関わり方のポイントなどが伝えられることがあり、ともに支援を検討することができる。なお、相談の安全性を守るため、情報を共有する際は「誰にどこまで伝えてよい、もしくは集団守秘に留めるべき情報か」を、よく確認しておくとよい。

　また、生徒や保護者はSCに相談してはいないが、教職員が問題を抱えている生徒や保護者をどう理解すればよいか悩んだり、対応に苦慮したりするようなときもあるだろう。このような場合、教職員はSCからコンサルテーションを受けることができる。コンサルテーションとは、2人の対等な専門家の間で、コンサルタント（支援する人）がコンサルティ（支援を受ける人）に対して、コンサルティのクライエント（問題を抱えている人）に関

係した問題や課題をともに検討し、コンサルティの仕事の中でより効果的に解決できるように援助する取り組みのことである。まず教職員（コンサルティ）は、生徒（クライエント）の状態、学校での行動、保護者からの情報、対応に苦慮している点などを、SC（コンサルタント）に伝える。その情報をもとに、SCは臨床心理学的な観点から、不適応行動や症状の背景にある心理的要因や、精神疾患や発達障害の可能性、緊急性の有無などについて仮説を検討する。そのうえで、ともに、対応や留意点、保護者や外部機関との連携方法などを検討し、継続的な連携の中で生徒の学校生活を支えていく。

5　スクールソーシャルワーカー（SSW）との連携

A　SSWとは

　SSWとは、学校または関係機関に配置され、制度や法律を活用し、子どもと彼らを取り巻く環境に働き掛け、家庭、学校、地域の橋渡し等により児童生徒の多様な問題に対して支援を行う、社会福祉学の専門家である。

B　SSWとの連携のあり方

　SSWが行う援助は、家庭訪問をしたり、自ら子どもと相談をしたりする直接的な支援と、学校内での支援体制づくりや専門的な助言、関係機関などとの連携の仲介をするといった間接的な支援があり、双方を効果的に行うことが重要であるとされている。そのため、担任とSSWとの連携としては、必要に応じてコンサルテーションとして当該ケースについての情報交換や今後の支援について相談を行うことになる。また、校内においてケース会議が実施される際に、担任はSSW、SCなどとともにこれに参加し、当該ケースの理解と支援方針について、支援チームとして共有や分担をしていくことも重要な連携協力となる。

■トピック■「SOSの出し方に関する教育」の推進

　自分の悩みや心の内を誰かに話すことは、とても勇気のいることである。特に生徒は「これは相談した方がいい」という判断自体が難しい。話せたとしても、相手の応じ方によっては傷つきが深まることもある。一方で、相談を受ける側も、どのように思いを受け止めればよいか迷うこともあるだろう。文部科学省は2016年から自殺予防対策の一環として「SOSの出し方に関する教育」を推進し、東京都教育委員会は2018年に「SOSの出し方に関する教育を推進するための指導資料」を公表している。これは生徒が危機的状況のときに身近で信頼できる大人にSOSを出せること、大人がそれを受け止めて支援できることを目的とするもので、ストレス対処法を含めた支援の求め方の授業例、声のかけ方の例や相談先などの授業案を含めた資料が掲載されている。学校全体で相談やメンタルヘルスについての知識を持ち、生徒にも積極的に知識を伝えることが、生徒の孤立や傷つきを防ぎうることを心に留め、1人ひとりができることを実践してほしい。

引用文献

文部科学省（2011）．教職員のための子どもの健康相談及び保健指導の手引
　　https://www.mext.go.jp/a_menu/kenko/hoken/1309933.htm
文部科学省（2017）．児童生徒の教育相談の充実について（通知）
　　https://www.mext.go.jp/b_menu/shingi/chousa/shotou/066/gaiyou/attach/1388337.htm
東京都教育委員会（2018）．「SOSの出し方についての教育」を推進するための指導資料について
　　https://www.kyoiku.metro.tokyo.lg.jp/school/content/sos_sing.html

考えてみよう

・・・・・・・・・・・・・・・・・・・・・・・・・・・・・・・・

　担任が問題を抱えている生徒への対応を1人で抱え込んでしまい、スクールカウンセラーや支援員と情報交換をしようとしなかったり、協力を求めようとしなかったりすることがあるが、どのような理由でそのような事態が生じてしまうのか、考えてみよう。

本章のポイント

　児童相談所のさまざまな業務の中で、学校との連携が重要になるのは、児童虐待の問題である。学校は日常的に大勢の教職員が子どもたちと関わる場であるため、教職員は児童虐待を発見しやすい立場にいると言える。児童虐待は子どもに生命の危険や精神的に深刻なダメージを与えるものであるため、学校での早期発見、迅速な対応と、児童相談所との適切な連携によって介入をすることが求められている。そのため、教職員として、連携する機関である児童相談所や児童家庭支援センターの役割を知り、学校での虐待の対応の仕方について、十分理解しておくことが必要である。

1 児童相談所とは

　児童相談所は、児童福祉法第12条に基づき、各都道府県、指定都市に設置が義務づけられた児童福祉の行政機関である。児童相談所は、児童福祉の理念および児童育成の責任の原理に基づき、常に子どもにとっての最善の利益を踏まえて、援助活動を行うことを目的としている。主な業務は以下のようなものである。

①子どもに関するさまざまな問題について、家庭などからの相談に応じること。

②子どもや家族のニーズ、問題の背景、子どもの置かれている状況を総合的に把握し、必要な指導を行うこと。

③緊急に保護を必要とする場合や、生活指導を行いながら子どもの行動を観察する必要のある場合に、子どもの一次保護を行うこと。

④児童福祉施設などへの入所措置を行うこと。

⑤知的障害の子どもへの援助を図るために、取得すれば各種のサービス（手当、制度など）を受けられる療育手帳（各地方自治体により名称は異なる）を交付すること。18歳未満の子どもにかかる交付申請は、児童相談所で受け付けている（**本章トピック**，p.219）。

2 児童相談所による児童虐待対応

　現在、児童相談所の主な業務として、児童虐待への対応が挙げられる。児童相談所における虐待対応と、関係する機関である児童家庭支援センターを紹介する。

A 児童虐待対応における児童相談所の役割

　児童虐待に対して、厚生労働省（2011）は、虐待に至る前の段階で予防的な支援を行うこと、虐待が深刻化する前の早期発見・早期対応、子どもの

安全を確保し、親子再統合に向けた保護者支援、社会的養護体制の充実を課題として挙げている。その中でも、児童相談所では、児童虐待対応の中心的な機関として、以下のような対応を行っている。

①保護者、子ども本人、地域住民、学校関係者、医療関係者、警察関係者などから、虐待に関する通告・相談を受付・受理する。

②虐待に関する事実関係の調査を行う。法的措置としては、出頭要求、立入調査、臨検、捜索がある。

③虐待者である保護者などへの指導と相談を行う。

④必要に応じて、法的措置として一時保護や、児童養護施設、児童自立支援施設、乳児院、情緒障害児短期治療施設などの施設入所措置や、里親の委託などを行う。

B　児童家庭支援センター

　1997年より、区市町村における子どもと家庭に関する総合相談窓口として、児童家庭支援センターの設立が児童福祉法の改正により定められた。児童家庭支援センターは、18歳未満の子どもや子育て家庭に関するあらゆる相談に応じる他、ショートステイなどの子ども家庭在宅サービスなど、子育て支援活動を行っている。

　児童家庭支援センターは、要保護児童対策調整機関として、児童虐待に関しては児童相談所と連携して取り組んでいる。たとえば、児童虐待が認められるものの、在宅での支援が適当と判断されるケースや、児童虐待により施設入所した子どもが家庭復帰した後の支援を児童家庭支援センターが担当し、専門性の高い支援が必要な困難事例や、出頭要求や一時保護、施設入所措置などの区市町村では対応できない法的措置を必要とするケースは児童相談所が担当するというように、連携して支援を行っている。

3　学校での児童虐待対応

　それでは、学校は児童相談所と連携をとりつつ、児童虐待についてどの

ように早期発見、早期対応ができるであろうか。以下、文部科学省（2020）の「学校・教育委員会等向け虐待対応の手引き」をもとに解説を行う。なお、以下のサインについて、これらの状態があるからと言って必ずしも虐待があるとは限らないことに留意すること。

A　学校における児童虐待の早期発見──子ども自身が見せるサイン

　学校において教職員は、子どもの健康状態や保護者および状況の観察による状態把握を通じて、児童虐待の早期発見に努める。

　まず、子ども自身に見られる虐待のサインとして、以下のような状態が指摘されている。

①無表情で、触れられること、近づかれることをひどく嫌がる、あるいは過度なスキンシップを求めてくる。

②乱暴な言葉遣い、あるいは極端な無口。

③大人への反抗的な態度、あるいは顔色を伺う態度。

④放課後も家に帰りたがらない。

⑤嘘や単独での非行（万引きなど）、家出。

⑥年齢にそぐわない性的に逸脱した言動や性的な関心を示す。

⑦他者へのいじめや生き物への残虐な行為。

⑧持続的な疲労感、無気力だったり、集中困難な様子（白昼夢）。

⑨空腹を訴える、むさぼるように食べる（朝食の欠食、家庭での食事が不十分）。

⑩衣服が汚れていたり、着替えをしたがらない。

B　学校における児童虐待の早期発見──保護者が見せるサイン

　保護者が見せる虐待のサインとして、以下のものが挙げられる。

①子どもの普段の様子を聞いても、具体的に語ろうとしない。

②人前でも子どもを厳しく叱る、叩く。

③連絡がなかなかつかない。

④家庭訪問、懇談などのキャンセルが多く、行事にも参加しない。

⑤「キレた」ような抗議をしてくるなど、感情的になりやすい。

C　学校における児童虐待の早期発見——状況に現れるサイン

　子どもをめぐる状況においては、以下のようなサインが現れると考えられる。

①説明があいまいな不自然なケガや、繰り返されるケガがあること。

②体育や身体測定のときによく欠席する。

③低身長や体重減少が見られる。

④衣服が季節に適していなかったり、汚れていたりする（洗濯していない）。

⑤身体が汚れている、臭う（入浴していない）。

⑥親子でいるときに、子どもが落ち着かなくなったり、不安そうな様子になったりする。

⑦子どもが熱を出したり、具合が悪くなったりして保護者に連絡しても、緊急性を感じていないそぶりがうかがえる。

⑧理由の不明確な遅刻・欠席が多かったり、急に増えたりする。

⑨その家庭に対する近隣からの苦情や悪い噂が多い。

⑩家庭訪問すると、家の中が極端に散らかっており、不衛生な状態である。

D　学校における児童虐待の早期発見——保健室で認められやすいサイン

　保健室における養護教諭の業務の中でも、虐待の早期発見の機会となるサインが以下のように見受けられる。

①頭痛、腹痛、倦怠感などの不定愁訴を繰り返し、頻繁に保健室に出入りをする。

②身体計測・内科検診時：発育不良、不潔な皮膚、不自然な傷・あざが認められる、衣服を脱ぐことや診察を非常に嫌がったり怖がったりする。

③歯科検診時：口腔内の不衛生、ひどい虫歯、口腔内の外傷とそれを放置した状態。

④事後措置など：保護者が精密検査を受けさせない、何度受診勧告しても受診させない。

⑤ケガの処置：家庭のケガで来室したり、ケガをしても保健室で処置したままになっていたりする。

　特に、虐待のサインとなる不自然な外傷とは、殴られ、蹴られ、つねられた跡など新旧の混ざった内出血跡や、不自然な骨折、服で隠れる部位の

外傷、たばこの火を押し付けた火傷跡、熱湯の火傷跡などであり、本人と保護者の受傷原因の説明が「転んだだけ」というように曖昧であることが多い。

E　学校と児童相談所での児童虐待対応の流れ

　ここでは、学校において虐待が発見された場合に、校内でチームを作り、どのような対応をするべきか、一例を説明する。

①教職員が、前述のような子どもに関するさまざまなサインから、虐待の発見、または虐待が疑われる状況に気づく。

②気づいた教職員は、まず管理職に相談・報告を行う。

③管理職は校内での協議の必要があると判断した場合には、校内組織会議を開催する。メンバー構成員として、校長、教頭、担任、養護教諭、スクールソーシャルワーカー、生徒指導主事、スクールカウンセラー、進路指導主事、教務主任、学年主任、教育相談主任、特別支援コーディネーター、その他必要に応じて、学校医や学校歯科医などの専門家も加わることになる。そこでは、問題の把握、情報収集、事実関係や緊急性の検討を行ったうえで、虐待の疑いありと判断された場合は、児童相談所への通告を行う。

④そのうえで、関係機関との連絡調整役や、校内の支援体制の窓口となる役割を誰が担当するか決定する。

⑤子どもへの支援、保護者への対応をどのように行うか決定し、チームとしての対応を行う。必要に応じて、地域の関係機関、民生委員、児童委員との連携を行う。

⑥児童相談所において、子どもの安全確認、情報収集と調査が実施され、学校はこれに協力する。

⑦上記調査の結果、一時保護・施設入所・在宅での保護など、援助方針が決定され実施されることになる。

4　学校と児童相談所の連携

　以上のように、学校で児童虐待の疑いが見つけられた場合に、児童相談所に速やかに通告することが義務づけられている。しかし、学校で児童虐待の疑いが認識されていたにもかかわらず、判断に迷って通告しなかった例や、通告が遅れたケースが発生していることから、2010 年から文部科学省と厚生労働省は、学校から児童相談所への定期的な情報提供を行う施策を進めている。

　また、児童相談所主催の児童虐待に関する研修会に学校の教職員が参加することや、教職員と児童相談所職員との合同研修が実施されるようになるなど、教職員が児童虐待問題に対して理解を深めるような連携活動も行われてきている。

トピック　療育手帳について

　療育手帳制度とは、知的障害児（者）に対し一貫した相談・指導を行うとともに、各種の援助措置を受けやすくすることにより、知的障害児（者）の福祉の増進を図ることを目的としたものである。障害の重さにより、1 度（最重度）から 4 度（軽度）の 4 つの区分がある。療育手帳を持つことにより、判定の概要や援助を受けた経過が正確に記録され、その後の援助の参考となること、さらに、所得税・住民税の控除、自動車税・軽自動車税の減免、自動車取得税の減免、JR など鉄道運賃の割引・減免、航空運賃の割引、バス・タクシー運賃の割引、公営住宅の優先入居、NHK 受信料の免除、さまざまな施設利用の割引などのサービスを受けることができる。知的障害児（者）のうち、18 歳未満は児童相談所、18 歳以上は知的障害者更生相談所が、療育手帳交付のための判定を行う。なお、療育手帳は、各都道府県と政令指定都市ごとに判定基準、名称が異なり、受けられるサービスも異なっている。さらに、発達障害を持つ者でも知的障害が無い場合には、精神障害者保健福祉手帳は交付されるが療育手帳は交付されないことになるため、今後整備が求められている。

引用文献
厚生労働省（2011）．児童虐待関係の最新の法律改正について
文部科学省（2020）．学校・教育委員会等向け虐待対応の手引き

考えてみよう

・・・・・・・・・・・・・・・・・・・・・・・・・・・・・・・・

　学校で、児童虐待のサインを見つけやすい状況はどんなものがあるか、挙げなさい。また、児童虐待を防ぐために、学校はどのような対策ができるのか考えてみよう。

第22章 教育相談所（室）

本章のポイント

　本章では、教育相談所（室）の持つ機能と、教育委員会が実施しているその他の教育的支援として、教育支援センター（適応指導教室）や就学相談などを紹介し、その連携のあり方について解説する。教育委員会は非常に多様な教育的支援を実施していることがわかるであろう。また、このような教育委員会の活動は、各地方自治体によってさまざまであるので、自分が生活している地域の教育委員会がどのような教育的支援活動を行っているか、ウェブサイトなどで確認してみるとよいだろう。

1 教育相談所（室）とは

　教育相談所（室）とは、各都道府県および区市町村の教育委員会が設立している、幼稚園児から高校生までの子どもの教育的・心理的な問題に対して支援を行う機関である。スタッフは心理職だけでなく、教育職や福祉職、行政職などの多職種から構成されている。教育相談室、教育相談所、教育相談センターなど、いろいろな名称があるが、本章ではそれらをまとめて「教育相談所（室）」と表記する。

2 教育相談所（室）の役割

　教育相談所（室）では、子どもと保護者を対象に、集団不適応、友人関係、学業不振、不登校などの学校生活の問題や発達障害、非行、自傷行為についての相談、子育て、家族関係、虐待などの家庭生活の相談を受け付けている。また、発達検査や知能検査を行い、その子どもの特徴を知り支援に活かす援助を行っている。秘密は守られ、無料で相談することができる。学校や他機関（医療、福祉など）と連携をする場合は、子ども本人と保護者の承諾を必要としている。教職員を対象とした相談や研修も行っている。
　子どもの支援のためにさまざまな事業を行っており、その内容は各自治体によって異なっている。ここでは東京都の例をもとに紹介する。東京都教育相談センターでは、都内に在住・在学・在勤をしている子どもと保護者、教職員を対象として以下のような事業を行っている。

A　電話相談
　子ども本人、保護者を対象とした教育相談と、都立高校における進級、進路相談を受ける窓口があり、どちらも通訳を介した外国語での電話相談を受けることができる。さらに、教職員対象の専用窓口が設けられている。

B　来所相談

　子ども本人、保護者を対象とした相談面接を実施している。予約制で申し込みは電話にて保護者が行う。初回面接では問題の経緯や現状などを伺い、相談の方針などを共有する。必要に応じて他機関を紹介することもある。その後、担当相談員と1回50分の継続相談を行っていく。言葉で気持ちを語れない子どもへはプレイセラピーや箱庭療法などを行っている。

C　メール相談

　子ども本人、保護者、教職員を対象に受け付けている。返信は1回のみとし、内容は一般的な理解や情報提供にとどまるものとされている。

D　青少年リスタートプレイス・思春期サポートプレイス事業

　高校中退者、高校に進学しなかった者、高校時や進路選択を控えている中学時、小学時に不登校やひきこもり状態にある子どもとその保護者を対象に、実施されている支援事業である。都立高校への進級・進路・入学については、具体的な情報の提供と個別の進路相談や作文指導、学校説明や見学会などの支援を行っている。また、子どもの心身の健康や、学校復帰、社会参加に向けてともに考える場として、保護者を対象としたグループミーティングと、学校復帰、社会参加に向けて助言者を交えて体験や気持ちを語り合う、本人を対象とした話し合いのグループを実施している。

E　学校に対する支援

(1) **要請訪問**　学校や教育支援センター（適応指導教室）の教職員の教育相談に関わる資質の向上や、校内の教育相談体制の改善・充実を図るため、学校などからの要請に応じて、所員や専門家を派遣している。子どもとの面接や学校への助言、教職員からの相談、教育上の問題についての事例検討会を行ったり、校内研修会の講師を行ったりしている。

(2) **都立学校教育相談担当者連絡会**　都立学校の教職員に対し、学校教育相談体制の構築と充実を図るため、担当者の連絡会を開催している。たとえば、事例を通じて対応を協議したり、情報交換を行ったりしている。

(3) **緊急支援**　子どもの生命に関わるような事件や事故が発生した際の、

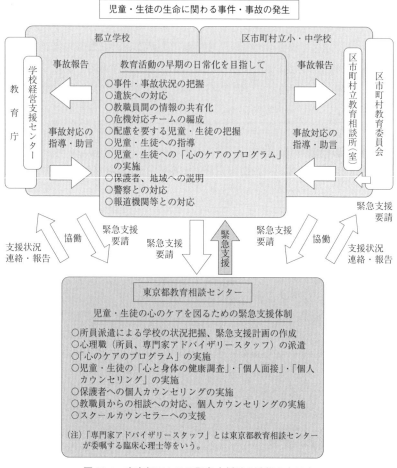

図 22-1　東京都における緊急支援時の連携の在り方

　緊急支援において、学校からの要請に基づいて、緊急支援チームを編成して派遣し、学校と教育委員会と連携・協働を行う。図 22-1 は東京都（東京都教育相談センター，2006）の例である。

　以上のように、教育相談所（室）は多様な活動を行っているため、教職員は、自分が勤務している地域の教育相談所（室）が実施している業務とアク

セスの方法をよく把握しておき、必要なときに円滑に連携がとれるように、普段から交流の機会を持つことが重要である。

3 ．教育委員会が行っているその他の支援

A　教育支援センター（適応指導教室）

　教育支援センター（適応指導教室、以下教育支援センター）とは、心理的な理由により不登校状態にある子どもが、体験活動やスポーツなどの小集団生活を通して、社会性や協調性を育み、学校生活への復帰や自分の進路の実現を目指す支援である。2003 年に名称が「適応指導教室」から「教育支援センター」へと変更になっている。適応指導教室の名称を継続して用いている場合もある。また、自治体固有の名称が付いていることも多い。

　不登校の子どもが教育支援センターに通うことで、小・中学校の校長は指導要録上出席扱いとすることができる。

　教育支援センターは各自治体においてさまざまな形態があるが、ここでは、東京都世田谷区の教育支援センター「ほっとスクール」を例に説明する。ほっとスクールは、世田谷区内在住の小・中学生を対象としており、開室時間は月曜日から金曜日の午前 9 時 30 分〜午後 3 時、学校とは違い学年分けやクラス分けはなく、小・中学生が一緒に活動を行う。スタッフは、教員免許を持っている者と、臨床心理学を専門とする心理職がいる。申し込み方法は、保護者がほっとスクールに電話で見学・相談の申し込みを行う。具体的な活動内容は、午前中は「学習の時間」として、1 人ひとりの子どもの進度に合わせた個別学習に取り組む。昼食は子どもたちとスタッフが一緒に、各自で持参したお弁当を食べる。午後は、「活動の時間」としてバドミントンなどのスポーツや読書など、自分のペースで活動を行う。また、「春の遠足」「夏に遊ぼう会」などの体験学習や調理活動、季節の行事というような特別活動も用意されている。

　学校と教育支援センターとの連携については、特に子どもが学校に復帰するタイミングや卒業後の進路を決定する際に、どのような役割分担で対

応をしていくかということを両者で相談し、決めておく必要がある。

B 就学相談、通級・転学相談
[1] 就学相談

　就学相談とは、小学校・中学校において、子どもの教育的ニーズを明確にし、その子どもに適切な教育的支援や教育環境の整備について、どのような教育的支援をどこで受けるかを、当該地域の教育委員会が保護者と相談しながら決定するプロセスである。就学相談の流れは、各教育委員会により異なっているが、一般的な流れを説明する。

①保護者による申し込み：保護者が教育委員会の担当に電話申込を行う。

②相談員との面談：教育相談所 (室) にて、就学相談員が保護者と面談を行う。その際に、教育相談所 (室) の心理相談員により、子どもの状態を客観的に把握するため、発達検査や知能検査、行動観察が行われる。また、保護者による学校見学および学校との相談も行われる。

③専門委員会：幼稚園教諭、通常学級教員、特別支援学校教員などが、子どもの様子を観察することが行われる。

④就学支援委員会：保護者の希望、教育相談所 (室) と専門委員会での観察結果をもとに、医師、小・中学校長の代表、教育相談所 (室) の心理相談員、特別支援学校教員などによる意見と検討を加え、就学先についての意見をまとめる。

⑤保護者への連絡・相談：就学支援委員会の判断を保護者に伝え、同意を得る。

⑥就学通知の送付：教育委員会から就学通知が送付される。

[2] 通級・転学相談

　就学相談とは別に、既に小・中学校の通常学級に在籍する子どもが、通級指導学級への通級を開始したり、特別支援学級や特別支援学校に転学したりするための相談を行っている。この流れは以下のようになっている。

①保護者と在籍校とが相談のうえ、通級または転学の希望を教育委員会担当に出す。

②相談員との面談：教育相談所 (室) にて、就学相談員が保護者と面談を行

う。その際に、教育相談所（室）の心理相談員により、子どもの状態を客観的に把握するため、発達検査や知能検査、行動観察が行われる。

③希望先の学校・学級担当者との面談。

④通級の可否について決定される。

[3] 就学相談、通級、転学相談で選択される就学先

(1) 通級指導教室　通級指導教室とは、通常学級に在籍する子どもの教育的ニーズに応じて、週１回程度通うことで、子どもの困難さの改善に向けた指導を行う教室である。肢体不自由、病弱・身体虚弱、弱視、難聴、言語障害、情緒障害、自閉症、学習障害（LD）、注意欠陥・多動性障害（ADHD）を持つ子どもが対象となり、言語教室（発音や会話、読み書きの指導）、情緒教室（コミュニケーション、感情のコントロールの指導）、難聴教室（補聴の相談）などがある。

(2) 特別支援学級　特別支援学級は、通常学校内に設置され、教育上特別な支援を必要とする子どものために置かれた学級であり、子どもの状態による学級編成と教育がなされている。肢体不自由、病弱・身体虚弱、弱視、難聴、知的障害、言語障害、情緒障害を持つ子どもが対象となる。

(3) 特別支援学校　特別支援学校とは、障害の程度が比較的重い子どもを対象として、専門性の高い教育を行う学校である。幼稚園から高等学校に相当する年齢段階の教育を、特別支援学校の幼稚部・小学部・中学部・高等部で行っている。肢体不自由、病弱・身体虚弱、視覚障害、聴覚障害、知的障害を持つ子どもが対象となる。

学校は、保護者から就学や通級、転学に関する相談や就学先の見学希望があった際には、保護者の気持ちに寄り添いながら、子どもの状態を聴き取り、相談の手続きや就学先について十分な情報提供を行うことが重要である。保護者の多くはわが子の障害や特性に戸惑いを感じ、就学先の決定に対しても不安を抱いている時期であり、保護者にとって身近で安心して相談できる環境を整えることが必要である。また、子どもの能力を十分発達させていくために適切な支援を行うことは重要であり、そのためには、関係機関が有効に連携する必要がある。幼稚園・保育園、小学校、中学校の進級、進学時には、保護者の同意のもと、支援方法の引き継ぎや必要な

　情報共有を行っていく。在籍校の教職員は、各就学先でどのような指導や支援が行われているかを十分に知り、その子どもにとって適切な学びの場はどこであるかを関わる連携先とともに考え続けていくことが重要である。

■トピック■ スクールロイヤー制度

　スクールロイヤーとは、学校で起こるさまざまな問題について、法的知識を活かして問題解決にあたる法律の専門家である。たとえば、いじめや虐待、保護者などからの不当な要求、体罰などの問題が起きた場合に、子どもの最善の利益のために、学校や教育委員会に対して法的アドバイスを行ったり、教職員向けの研修会やいじめ予防教育を行ったりしている。スクールロイヤー制度の運用は各自治体においてさまざまである。

　学校や教育委員会には、スクールロイヤーだけでなく、心理職のスクールカウンセラーや福祉職のスクールソーシャルワーカーなども配置されている。他職種についても、どのような役割を担って、どのような配置がされているかを十分に理解して、子どもたちの支援に活かしてほしい。

引用文献

東京都教育相談センター（2006）．生命にかかわる事件・事故後の心のケア（第2版）――学校の危機対応と緊急支援の在り方

考えてみよう

・・・・・・・・・・・・・・・・・・・・・・・・・・・・・・・・

　自分が担任をしている子どもが、不登校になり、教育相談所（室）や教育支援センターに通うことになったときは、先方の機関の担当者および保護者と、継続的に連携していくことが重要となる。たとえばその子どもがいよいよ学級に戻れそうになってきたとき、担任としてどのような情報を交換したり、どのような協力をしたりしていくと、子どもの学校復帰に役立つと考えられるだろうか。

本章のポイント

　教職員は仕事をするうえで、さまざまな疾患を持つ子どもと関わることになる。その中で、精神的な疾患を持つ子どもを学校で支援する機会もあるだろう。精神的な疾患も、身体的な疾患と同様に、子どもが学校に復帰し、学校生活を送るうえで適切な支援が必要である。そのために、教職員は医療機関と連携・協力していくことが求められる。本章では、教職員が連携する可能性のある医療機関である児童・思春期精神科、心療内科、精神保健福祉センターの紹介と、それらの医療機関との連携のあり方や、学校復帰後の対応、さらに校内での保健に関する担当者である保健主事の業務について解説を行う。

1 医療機関との連携

　自分が担任をしている子どもの心の健康の問題に対応する中で、子どもが治療を受けている、もしくはこれから受診する医療機関と連携の必要が生じる場合がある。たとえば心理社会的要因による疾患・障害（PTSDといったストレス性の疾患など）、脳機能の問題による疾患・障害（統合失調症、うつ病、発達障害など）、身体疾患と関連する疾患・障害（心身症など）が背景にあることが疑われる場合には、可能な限り速やかに医療機関を受診することが望ましい。

　まず、子どもの状態から、医療機関に受診した方がよいと判断された場合に、保護者と子どもにどのように伝えたらよいだろうか。保護者に伝える場合、一方的、強引に進めても、保護者にとってみれば「子どもを病気扱いされた」「病院にまかせて学校は子どもを見捨てようとしている」という気持ちになってしまい、受診を拒絶したり、受診してもすぐ中断してしまったりすることがある。そのため、まずは学校として子どもの状態が心配であることを伝え、一方で保護者の気持ち、不安にも耳を傾け、信頼関係をつくらなければならない。そのうえで、学校として今後も保護者や医療機関と協力しながら、一緒に子どもを支援していきたいと伝えることが重要であろう。一方、子どもに病院を受診することについて伝えるときは、「君は○○ができないから」「まわりが迷惑しているから」病院に行った方がよいというように、病院に行くことを「罰」にしてはいけない。また、「君の○○なところはおかしいと思う」「君は普通じゃない」というように、「異常」だから病院に行かねばならないと思わせてもいけない。望ましい伝え方としては、「イライラして落ち着かないのは困るよね」「夜眠れないと、昼間もしんどいよね」など、本人の「困り感」「つらさ」「苦しさ」に焦点をあてて、「病院で君の悩みのもとを調べてもらって、君の困っていることを解決するのを手伝ってもらおう」というように、受診をすることの目的をわかりやすく伝えるとよいであろう。

　子どもが医療機関を受診すると、主治医による診断が確定する。診断がつくことで、子どもの疾患や障害の特性や、子どもの状態に応じた、合理

的な治療や支援を検討することが可能となる。そのため、連携にあたっては、本人や保護者の意向を踏まえ、プライバシーに留意しつつ、主治医から診断の説明や、対応への注意事項を含む情報交換が、学校での支援に役立つのである。一方で、子どもと保護者にとってみると、医療機関を受診し、精神的な疾患や発達障害の診断を受けることに、当然のことながらショックや抵抗感を感じる場合が少なくない。そのため診断名は、医療機関において主治医が伝えるべきものであり、教職員は推測に基づいた疾患名および発達障害名を、保護者や関係者に安易に伝えることは慎まなければならない。むしろ、医療機関を受診すること、また診断が確定することに伴う子どもと保護者の心の揺れ動きを、受容的にサポートしていきたい。

しかし現在のところ、精神的な疾患を持つ子どもに、専門的な治療を行う医療機関の数は限られている。そのため、医療機関に余裕がなく、充分な説明や協力を受けることが困難な状況が生じ得る。そのような場合は、直接やりとりできなくとも、診察に行く保護者を通じてのやりとりを行ったり、子どもの診断名や治療について、スクールカウンセラーなどから補足的な解説や助言を受けたりしておくことが望ましいだろう。

2 医療機関、専門機関

子どもの心の健康に関わって、学校と連携する医療機関を紹介する。

A 児童・思春期精神科

[1] 児童・思春期精神科とは

子どもが精神的な問題で医療機関を受診する場合、最も望ましいのは、その年代の患者を対象に専門的な治療を行っている児童・思春期精神科、または児童精神科を受診することである。児童・思春期精神科とは、一般的に幼児から高校生程度の年齢の子どもを対象として、精神的な疾患を治療する診療科である。その機関の規模によるが、大きな規模の病院であれば、児童・思春期精神科医師、看護師、心理職、精神保健福祉士、作業療

法士、薬剤師、栄養士、保育士など、さまざまな職種のスタッフによるチーム医療が行われている。例として、静岡県立こども病院の外来部門（こころの診療科）では、総合外来、不登校サポート外来、ストレスケア外来、摂食障害外来というように、初診外来が4つ開設されている。

　しかし現状では、子どもを専門とする精神科病院はそれほど豊富にあるわけではない。近隣にそのような専門機関が無い場合には、一般の精神科を受診することになるが、児童・思春期の患者の臨床経験が豊富な医師と、そうでない医師がいるため、もし学校から保護者へ医療機関の選択について助言を行う必要がある場合は、どのような医師がいて、どのような患者を得意としているのかを踏まえて助言をすることが望ましい。また、児童・思春期の患者を受け入れてくれる医療機関の数が限られているため、診察を希望してもすぐに受診できず、数か月待ちということも起こり得るので、その点についても学校は把握しておく必要がある。そのため、学校は、その必要が生じる前から、子どもを診察してくれる医療機関の詳細な情報を集めておく必要がある。

[2] 入院治療について

　児童・思春期精神科での治療の中心は外来診療であるが、興奮や衝動性が強くコントロールができないような場合や、抑うつ、自傷、強いこだわりなどのため、自分自身や周囲の人たちの生活に強い悪影響を及ぼしてしまう場合には、入院治療が選択される場合がある。例として、東京都立小児総合医療センターでは、性別、年齢別、症状別に、男女思春期急性期病棟、男子・女子・男女思春期病棟、自閉症病棟、学童病棟がある。病棟には、医師、看護師、心理職、精神保健福祉士が配属され、入院治療は、主治医による診察、薬物療法、心理療法、集団精神療法、スポーツや創作活動などの病棟日課、院内での作業療法などの治療が中心となる。平均入院期間は90日程度であるが、病状が改善すればできるだけ速やかに家庭復帰することを目指す。また、治療上必要と判断された患者については、院内学級（都立武蔵台学園府中分教室、小学校・中学校）に通学しながらの治療が行われる。なお、東京都立小児総合医療センターでは、児童・思春期の患者の専門的な入院治療を行っている医療機関が少ないため、緊急に入院が

必要なケースについて、緊急受診を引き受けており、主治医からの依頼を
電話で受け付けている。

B　心療内科

　心療内科とは、内科の領域において心身医学的な治療を行う診療科であ
る。心身医学とは、病気を身体だけでなく、心理面と社会・環境面を含め
て、総合的・統合的に治療していこうとする医学の一分野と言える。心療
内科が主な対象とするのは心身症である（**本章トピック，** p.236）。どのよう
な症状であるかに応じて、身体と心理状態の両面に対する薬物療法や、セ
ルフコントロールを目指した心理療法、リラクゼーションなどが行われる。
　心療内科についても、児童・思春期の患者の臨床経験が豊富な医師と、
そうでない医師がいるため、また、心療内科によっては摂食障害の治療も
行っている場合もあるため、学校の近隣にある心療内科で、子どもにどこ
を紹介すればよいか事前に確認しておく必要がある。

C　精神保健福祉センター
[1]　精神保健福祉センターとは

　精神保健福祉センターとは、精神保健福祉法によって各都道府県に設置
することが定められており、以下のような活動をしている。
①市民一般を対象に、心の健康の保持と向上を目的とした精神保健福祉相
　談を受ける。なお、相談窓口としては、各都道府県に設置されている、保
　健所・保健センターでも相談を受け付けている。
②精神的な疾患を持つ人の自立と社会復帰を目指して、社会に適応してい
　く力をつけるための指導と援助を行う。
③精神保健福祉に関する専門機関として、地域の保健所や学校など、関係
　諸機関の職員を対象とする研修を行ったり、連携や技術協力・援助を通
　じて地域保健福祉の向上のための活動を行ったりする。

[2]　学校と関わる精神保健福祉センターの業務

　精神保健福祉センターにおいて、学校との連携に関わる活動として、東
京都立精神保健福祉センターを例として、以下に解説する。

(1) **思春期・青年期相談**　思春期・青年期における心理的な問題や病気で困っている本人（義務教育終了後から30代半ばまで）や家族、および学校など関係機関職員からの相談を受けて面接相談を無料で実施している。

(2) **こころの電話相談**　電話相談員により、簡単な助言や専門の医療機関または相談機関に関する情報を提供している。匿名で相談することも可能。面接相談を希望する場合も、まず電話相談で概要を話したうえで、面接相談が導入される。

(3) **デイケア**　社会復帰のための通所型の集団活動であり、それぞれの利用者の経過や希望に沿った援助を行っている。思春期・青年期本人グループ（義務教育終了後から30代半ばまで）として「午後のティーサロン」を実施している。隔週1日、2時間程度、話をしたり、音楽鑑賞、スポーツ、創作などの活動を行ったりしている。

(4) **保護者向けのグループ活動**　思春期・青年期の問題を抱える子どもを持つ保護者を対象に、「思春期・青年期家族グループ」を実施している。この活動では、専門家スタッフを交えて保護者同士が問題について話し合うことで、思春期・青年期への理解を深め、子どもとの関係や対応について学んでいくことを目的としている。

(5) **学校連携事業**　学校に対し、専門的立場から、アウトリーチ支援などの手法を用いた援助や協力を行っている。児童・思春期精神科医師、心理職、精神保健福祉士といった多職種のチームを組んで、学校を訪問する形で、学校の精神保健活動を支援する目的で1年間継続的に実施する。たとえば、相談会・事例検討会を実施して、子どもの精神保健の問題を教職員と検討したり、教職員や保護者を対象にした精神保健に関する講演会を実施したりしている。

3　学校に復帰するとき

　子どもが児童精神科などの医療機関を受診後、学校を休んで治療に専念していた場合、症状がいったん落ち着いてくると、通院治療を継続しなが

ら復学する段階に至る。この段階になれば、子どもの病状安定にとって学校の果たす役割が重要となる。学校は、疾患の特徴を理解したうえで、保護者と相談しながら、復学への準備を行う。復学後は、その子どもにとってのストレスの除去や低減をするなどして、症状の再発を招かないように充分注意しながら、充実した学校生活が送れるようにする。たとえば、週1日1時間、本人の同意を得たうえで、相談室でスクールカウンセラーと過ごすことから始め、少しずつ学校にいる時間を増やしたり、他の教職員や級友と過ごす機会を作ったりする。また、学校で服薬をする場合、保護者とも相談しながら、必要に応じて保健室での服薬など、サポートを行う。さらに、教育支援センター（適応指導教室）に登校することになったり、たとえば通信制や定時制などに転校したりということがあれば、本人の状態について転校先にきちんと申し送りを行うことも重要である。

4　保健主事の業務

　保健主事とは、学校教育法施行規則第45条4項において「保健主事は、校長の監督を受け、小学校における保健に関する事項の管理に当たる」と規定されており、養護教諭または教諭をもって充てられる職である。小学校・中学校・高等学校・中等教育学校・特別支援学校に原則として配置されている。日本学校保健会（2021）は、現代の子どもの健康課題として①生活習慣の乱れ、②メンタルヘルスに関する課題（いじめ、不登校、児童虐待など）、③性に関する健康課題、④薬物乱用などがあり、保健主事はこれらについて理解をしたうえで、健康観察や健康相談、学校保健委員会などの学校内外における組織活動の推進を通じて対応していくとされている。

||トピック|| 心身症

　心身症とは、身体に物理的な異常が認められる、もしくは身体の機能の異常が認められる疾患、すなわち身体の病気の中で、心理・社会的要因が密接に関連しているものである。例として、腹痛や下痢を繰り返す症状があり、心理的なストレスが大きな要因となっている、過敏性大腸症候群がある。身体症状が現れて、その背景に心理的な要因が推測されたとしても、まずは医療機関で身体疾患の状態を確認することが基本である。学校では、主治医の助言を受けつつ、担任と養護教諭が連携して、その子どもの健康状態を確認すること、推測されるストレスなどの心理的要因に対しては、基本的に主治医の許可と本人の同意を得たうえで、スクールカウンセラーによるカウンセリングを実施することも効果的であると言える。

引用文献

公益財団法人　日本学校保健会 (2021).　保健主事のための実務ハンドブック (令和2年度改訂)

> # 考えてみよう
> ・・・・・・・・・・・・・・・・・・・・・・・・・・・・・・

　自分が教員であったとして、担任をしている子どもが児童・思春期精神科に入院し、しばらく学校を休むことになったときに、クラスの他の子どもたちにどのような説明をすべきだろうか。また、そのためには誰とどのような協議が必要になるだろうか。

理解を深めるための参考文献

第Ⅰ部

1章・2章

● 栗原慎二（2002）．新しい学校教育相談の在り方と進め方　ほんの森出版

　教育相談とは何をすべきことなのか、教員が感じる教育相談の疑問に対する考え方や、学校組織として教育相談に取り組むためのポイントが示されている。

● 文部省（1990）．学校における教育相談の考え方・進め方（中学校・高等学校編）大蔵省印刷局

　文部省（現在の文部科学省）が発行した、教育相談に特化した内容の資料。わが国における教育相談の基礎を理解するために一読を勧める。

第Ⅱ部

3章

● 厚生労働科学研究（子ども家庭総合研究事業）（2008）．思春期やせ症──小児診療に関わる人のためのガイドライン　文光堂

　神経性やせ症の児童・生徒の発見、対応についてのガイドラインであり、基礎知識習得のために読んでほしい。

● 井上敏明（1979）．無気力症　朱鷺書房

　アパシーも含めたさまざまな無気力状態の意味や心理を、事例も紹介しながらわかりやすく説明している。

4章

● 津川律子（2020）．精神科臨床における心理アセスメント入門（改訂増補版）　金剛出版

　タイトルが「精神科臨床における」となっているが、精神科に限らず、いろいろな場で使える臨床心理学の視点が整理されている。

第Ⅲ部

5章

● 小笠原恵（2010）．発達障害のある子の「行動問題」解決ケーススタディ　中央法規出版

　発達障害の子どもの問題行動に対して、なぜその行動が起きるのか、どのように対応するかの考え方と実例が多数載っている。

6章

● 滝川一廣（2004）．「こころ」の本質とは何か　ちくま新書

統合失調症、自閉症、不登校を取り上げ、正常と異常というレッテルを貼って判断を止めてしまわずに、それぞれがどのように形作られていくのか理解を深めることができる。

- 滝川一廣（2012）．学校へ行く意味・休む意味──不登校ってなんだろう？（どう考える？　ニッポンの教育問題シリーズ）　日本図書センター
不登校について、歴史的、社会的な幅広い視点から読み解かれている。不登校に対する個別的な理解とともに、踏まえておきたい必要な視点である。

7章

- 大久保智生・牧郁子（編）（2011）．実践をふりかえるための教育心理学──教育心理にまつわる言説を疑う　ナカニシヤ出版
いじめをはじめとした、教育心理学が関わるさまざまな問題について、常識にとらわれない視点で再検討を行っており、読者は新たな視点を獲得することができる。

8章

- 河合隼雄（2008）．河合隼雄のスクールカウンセリング講演録　創元社
学校臨床心理士（スクールカウンセラー）に向けた講演集であるが、わが国の教育現場の実情にも触れており、教員と臨床心理の専門家とのより良い相互的な理解を得るのに参考となる。
- 法務省矯正局編（2018）．子ども・若者が変わるとき──育ち・立ち直りを支え導く少年院・少年鑑別所の実践　公益財団法人矯正協会
非行少年の更生に携わる現場の職員が、日頃彼らと丁寧に向き合う中で感じている想いや取り組みがわかりやすく紹介されている。

9章

- ジェイコブ, D.・ウォルシュ, B. 著　松本俊彦（監訳）（2010）．学校における自傷予防──「自傷のサイン」プログラム実施マニュアル　金剛出版
本書では、学校における生徒向けの自傷予防教育の実施例が詳述されている。また、教員や家族などへの事前研修内容も盛り込まれている。

10章

- 飛鳥井望（2007）．PTSDとトラウマのすべてがわかる本　講談社
日常的な不安よりも重く深刻なPTSDについて初心者向けにわかりやすく概説している。イラスト付きで理解しやすいので手元に置いておくとよい。この"健康ライブラリーシリーズ"はわかりやすさが特長である。
- 友田明美（2011）．いやされない傷──児童虐待と傷ついていく脳　診断と治療社
虐待が及ぼす子どもの脳への深刻な影響を、事例を提示し、それについての理論的解説を医師の立場から丁寧に書いている。脳への影響の理解を深めることができる。

- Hobbs, C. J., Hanks, H. G. I. & Wynne, J. M.（1999）. *Child Abuse and Neglect.* 2nd ed., Harcourt Brace and Company.
  （ホッブス，C. J., ハンクス，H. G. I., ウェイン，J. M. 著　稲垣由子・岡田由香訳（2008）. 子どもの虐待とネグレクト——臨床家ハンドブック　日本小児医事出版社）
  子どもの虐待問題について、国際的な視点で書かれていて参考にできる文献である。少し古いが、歴史的な課題を理解できる。

11章
- かしまえりこ・神田橋條治（2006）. スクールカウンセリング モデル100例　創元社
  児童生徒の相談事例に混ざって、保護者面接がコンパクトにまとめてある。見立て方や経過についても、支援者との豊かな関わりとともに参考になる。

第Ⅳ部
12章
- 諸富祥彦（1997）. カール・ロジャーズ入門——自分が"自分"になるということ　コスモス・ライブラリー
  ロジャーズの人となりと並行して、ロジャーズの理論をわかりやすく解説している。
- 日本人間性心理学会編（2012）. 人間性心理学ハンドブック　創元社
  ロジャーズをはじめマズローなどの人間性心理学に関連する事項がまとめられている。人間性心理学の全体像に加え、教育との接点の記載も多い。

13章
- 国分康孝（1997）. カウンセリングの理論　誠信書房
  やや古典だが、相談の基礎理論が多く解説されている。
- アイビィ，A. E. 著　福原真知子・椙山喜代子・国分久子・楡木満生（訳）（1985）. マイクロカウンセリング　川島書店
  傾聴の基礎となるマイクロカウンセリングの技法が解説されている。

14章
- 河合隼雄（1985）. カウンセリングを語る（上）　創元社
  教育とカウンセリングとの関係について本質的な内容が示されている。相談の構造についても折に触れて述べている。
- 諸富祥彦（1999）. 学校現場で使えるカウンセリング・テクニック（下）——問題解決編・10の法則　誠信書房
  学校で起きるいくつかの具体的な問題について、どのような構造を準備するべきかに答えている。

15章

● ゴードン，T. 著　奥沢良雄・市川千秋・近藤千恵（訳）(1985)．教師学——効果的な教師＝生徒関係の確立　小学館

教員が子どもとなぜ良好な関係を築く必要があるのかが書かれており、良好な関係を築くための具体的な方法も学ぶことができる。

● 諸富祥彦（1999）．学校現場で使えるカウンセリング・テクニック（上）——育てるカウンセリング編・11 の法則　誠信書房

教員が子どもとどのような関係性を築く必要性があるかを具体的に述べている。教育実践に即した内容になっている。

第Ⅴ部

16章

● シャーブ，L. M. 著　上田勢子（訳）(2012)．自尊感情を持たせ、きちんと自己主張できる子を育てるアサーショントレーニング 40——先生と子どもと親のためのワークブック　黎明書房

小学生がアサーションを身につけていけるようになっているワークブック。実践的内容なので、アサーションを具体的に理解するのに役立つ。

17章

● 佐藤正二・佐藤容子・石川信一・佐藤寛・戸ヶ崎泰子・尾形明子（2013）．学校でできる認知行動療法——子どもの抑うつ予防プログラム　日本評論社

小学校での授業として、児童の社会的スキルおよび、否定的思考に対処する方法を身につけるためのプログラムが、活用できる資料とともに提案されている。

18章

● 森俊夫（2000）．先生のためのやさしいブリーフセラピー——読めば面接が楽しくなる　ほんの森出版

学校の現場で、実際にどのようにブリーフセラピーを行うのかを、具体的な面接でのやりとりを多数示して、わかりやすく述べてある。

19章

● 福岡県臨床心理士会編（2020）．学校コミュニティへの緊急支援の手引き（第3版）　金剛出版

学校において事件・事故が生じた際に、学校と協力しながら教員・生徒・保護者を福岡県臨床心理士会で支援した実践から生まれた本である。

第Ⅵ部

20章

- 文部科学省（2007）．「特別支援教育支援員」を活用するために
  特別支援教育支援員について、そのあり方と校内での実践例について知ることができる。文部科学省のウェブサイトで閲覧可能。
- 文部科学省（2017）．児童生徒の教育相談の充実について（通知）
  児童生徒への教育相談による支援について、支援が必要な児童生徒の実態調査、体制作り、専門家との連携など、総合的に理解を深めることができる。文部科学省ウェブサイトで閲覧可能。

21章

- 文部科学省（2020）．学校・教育委員会等向け虐待対応の手引き
  学校での児童虐待対応について、体制作りや、対応の仕方、外部機関との連携などについて詳しく記載されている。文部科学省のウェブサイトで閲覧可能。

22章

- 文部科学省（2004）．行動連携に当たっての基本的な考え方
  学校と専門機関との連携のあり方において、従来の情報交換から、具体的な行動を含めた連携へと発展させる考え方が解説されている。文部科学省ウェブサイトで閲覧可能。
- 東京都教育相談センター（2005）．よりよい連携をつくるために　広報「すこやかさん」第12号
  校内連携や専門機関との連携について、事例をもとに対応方法やポイントが具体的に示されている。東京都教育委員会のウェブサイトで閲覧可能。

23章

- 文部科学省（2009）．教職員のための子どもの健康観察の方法と問題への対応
  学校の中で養護教諭や学級担任が、子どもの精神的な疾患や発達障害について、どのようにキャッチして対応を行うかについて、具体例から知ることができる。文部科学省ウェブサイトで閲覧可能。

索　引

編者・執筆分担

津川律子（つがわ　りつこ）……はじめに、本書の狙い、第4章1・2・3・4・5節
日本大学文理学部心理学科　教授

山口義枝（やまぐち　よしえ）……第3章1・2節、第5章、第16・17・18・19章
日本大学文理学部心理学科　教授

北村世都（きたむら　せつ）……………………………………………第12・13章
聖徳大学心理・福祉学部心理学科　准教授

執筆者 (五十音順)・執筆分担

麻谷真理（あさたに　まり）………………………………………………第22章
日本大学文理学部心理学科　非常勤講師

勝又陽太郎（かつまた　ようたろう）……………………………………第9章
東京都立大学人文社会学部人間社会学科心理学教室　准教授

狩野武道（かの　たけみち）…………第3章1・3節、第4章3節、第14・15章
日本大学文理学部心理学科　助教

菊島勝也（きくしま　かつや）…第6・7章、第20章1・2・3節、第21・22・23章
日本大学文理学部心理学科　教授

齋藤慶典（さいとう　けいすけ）………………………………………第1・2章
日本大学文理学部心理学科　准教授

齋藤　謁（さいとう　まみ）…………………………………………………第10章
恵泉女学園大学　非常勤講師／同カウンセリングルームスーパーヴァイザー兼カウンセラー

寺﨑武彦（てらさき　たけひこ）……………………………………………第8章
東京学芸大学教育学部教育支援課程教育支援専攻カウンセリングコース　非常勤講師

土井麻子（どい　あさこ）………………………………………………第20章4・5節
大妻中野中学校・高等学校　スクールカウンセラー

滑川瑞穂（なめかわ　みずほ）‥‥‥‥‥‥‥‥‥‥‥‥‥‥‥‥第4章1・2・5節
明治学院大学心理学部心理学科　専任講師

元永拓郎（もとなが　たくろう）‥‥‥‥‥‥‥‥‥‥‥‥‥‥‥‥‥第11章
帝京大学文学部心理学科　教授

Next教科書シリーズ　教育相談［第2版］

2015（平成27）年2月20日　初　版1刷発行
2023（令和5）年1月15日　第2版1刷発行

編　者　津川　律子・山口　義枝・北村　世都
発行者　鯉渕　友南
発行所　株式会社　弘文堂　　101-0062　東京都千代田区神田駿河台1の7
　　　　　　　　　　　　　　TEL 03（3294）4801　　振替 00120-6-53909
　　　　　　　　　　　　　　https://www.koubundou.co.jp

装　丁　水木喜美男
印　刷　三美印刷
製　本　井上製本所

ISBN978-4-335-00251-9

Next 教科書シリーズ

■ 好評既刊

授業の予習や独習に適した初学者向けの大学テキスト

（刊行順）

（刊行順）

『経済学入門』［第2版］　楠谷　清・川又　祐＝編
　　　　　　　　　　　　　　定価(本体2000円＋税)　ISBN978-4-335-00238-0

『日本古典文学』　近藤健史＝編
　　　　　　　　　　　　　　定価(本体2200円＋税)　ISBN978-4-335-00209-0

『ソーシャルワーク』　金子絵里乃・後藤広史＝編
　　　　　　　　　　　　　　定価(本体2200円＋税)　ISBN978-4-335-00218-2

『現代教職論』　羽田積男・関川悦雄＝編
　　　　　　　　　　　　　　定価(本体2100円＋税)　ISBN978-4-335-00220-5

『発達と学習』［第2版］　内藤佳津雄・北村世都・鏡　直子＝編
　　　　　　　　　　　　　　定価(本体2000円＋税)　ISBN978-4-335-00244-1

『哲学』　石浜弘道＝編
　　　　　　　　　　　　　　定価(本体1800円＋税)　ISBN978-4-335-00219-9

『道徳教育の理論と方法』　羽田積男・関川悦雄＝編
　　　　　　　　　　　　　　定価(本体2000円＋税)　ISBN978-4-335-00228-1

『刑法各論』　沼野輝彦・設楽裕文＝編
　　　　　　　　　　　　　　定価(本体2400円＋税)　ISBN978-4-335-00227-4

『刑法総論』　設楽裕文・南部　篤＝編
　　　　　　　　　　　　　　定価(本体2400円＋税)　ISBN978-4-335-00235-9

『特別活動・総合的学習の理論と指導法』　関川悦雄・今泉朝雄＝編
　　　　　　　　　　　　　　定価(本体2000円＋税)　ISBN978-4-335-00239-7

『教育の方法・技術論』　渡部　淳＝編
　　　　　　　　　　　　　　定価(本体2000円＋税)　ISBN978-4-335-00240-3

『比較憲法』　東　裕・玉蟲由樹＝編
　　　　　　　　　　　　　　定価(本体2200円＋税)　ISBN978-4-335-00241-0

『地方自治法』　池村好道・西原雄二＝編
　　　　　　　　　　　　　　定価(本体2100円＋税)　ISBN978-4-335-00242-7

『民法入門』　長瀬二三男・永沼淳子＝著
　　　　　　　　　　　　　　定価(本体2700円＋税)　ISBN978-4-335-00245-8

『日本国憲法』　東　裕・杉山幸一＝編
　　　　　　　　　　　　　　定価(本体2100円＋税)　ISBN978-4-335-00249-6

『マーケティング論』　雨宮史卓＝編
　　　　　　　　　　　　　　定価(本体2300円＋税)　ISBN978-4-335-00250-2